© Leif Gunnahr

Sammanställning utförd maj 2020.

Det från en skriv- och forskarperiod med början 2017.

Förlag: BoD – Books on Demand, Stockholm, Sverige

Tryck: BoD – Books on Demand, Norderstedt, Tyskland

ISBN: 978-91-7851-930-9

Historik kring två gårdar i Björkvik

Stora Munkebo och Smedstorp under den tid Gunilla Gunnahrs (född Österberg) släkt verkat vid dessa gårdar.

STORA MUNKEBO   SMEDSTORP

Tumba maj 2020

Leif Gunnahr

Förord

Efter att min hustru Gunillas föräldrar, Lotty och Gerhard, hade gått bort, så tog Gunilla, år 1993, bland annat hand om några lådor med papper. Dessa lådor blev sedan undanskuffade, tills jag en dag sa att "nu tar jag fram dom, när ingen annan går igenom lådorna". Det blev minsann en upptäckt. Sortering av dokument och foton. December 2017 var tre bord belamrade med bästa försök till sortering. Det var köpebrev, syn på fastigheter, auktionsprotokoll, domstolsprotokoll, bouppteckningar, förmyndarprotokoll, betyg mm. Och som man idag säger, "you name it".

Att dokumenten var av denna omfattning beror nog delvis på att två personer inom Gunillas släkt har varit kommunalnämndsordförande inom socknen Björkvik. Motsvarar idag kommunstyrelseordförande. En av dessa var Gunillas morfar, som i början av 1900-talet, enligt Gunillas far, hade hela socknens papper hemma på det egna kontoret. Och då även ansvarade för utbetalning av ersättningar och pensioner till anställda inom socknen.
Gunilla blev tveksam till hur hantera dessa dokument. Men eftersom jag skrivit om min hemby, Södra Grundfors i Västerbotten, så började jag nu även ta tag i Gunillas gårdar med viss släkt, i Björkvik. Det blev ett grottande i dokumenten och insåg snart att det kan bara bli någon form av sammandrag och då med vissa utdrag från dokumenten.

Besökte Björkvik, Smedstorps nuvarande ägare Åke Karlsson, som varit behjälplig med egna dokument. Tog då några egna foton inom Björkvik. Vissa oklara släktband fick jag hjälp med av min dotters svärmor Karin Selldin.

Sist i denna skrift är tillagt lite om Gunillas släkt och öden före det att släkten kommer till Smedstorp och Stora Munkebo. Då inkluderande ett, även för sin tid, tufft människoöde, Anna Greta Jonsdotter, född 1774-12-15.

Gunilla Gunnahr född 1945-07-12

Uppdatering i nästan årsföljd, händelser i hennes släkt i och kring Björkvik, Södermanland. Här endast för att få en kronologi. Inte fullständig som släktforskning.

Gunilla i Stora Munkebo, 1946

Lite gammalt om Björkvik

Det finns en avskrift från en gammal kyrkklocka, som före kyrkobranden 1503 och klockans omgjutning år 1510, som där sockennamnet skrivs "Borkewik". Det spekuleras att namnet kan ha kommit från något namn, Borke. Annars kan namnet vara från björkarna vid Yngarens vik.

En man som kom från Tyskland, Georg Thomas von Berchner (1642-1705). Han kom att äga stor del av Björkvik. Han var först bokhållare på Virå Bruk. Gifte sig med ägarens dotter Elisabeth Störning. Han kom då med tillköp att äga Danbyholm och Hagby Berga, och genom ättlingar kom släkten att under 1700-talet även äga Hofsta och Marieberg. Det var först på 1860-talet, som utförsäljningar av hemman startar. Hagbyberga är en sammanslagning av gårdarna Hagby och Berga.
År 1749 var folkmängden 2073 personer. År 1820 var den 2572 personer.

Om vi tittar på just år 1820, så finner vi vissa uppgifter, som gör att vi kan sätta oss in i hur livet var för några som skrivs om här nedan.

Av dom 2572 personerna:

Gifta par, 435 st	870 st
Änklingar 48 st, Änkor 119 st	167 st
Ogifta över 15 år	662 st
Ungdom under 15 år	873 st

Endast 6st var över 80 år.

4 Bönder på egna hemman, 121 på andras, 142 Torpare med jordbruk, 12 Mästare, 7 gesäller, 12 lärlingar, 33 tjänstgörande Soldater, 9 föravskedade Soldater, 2 Sockne-skomakare, 3 Sockne-skräddare, 23 Fattighjon. Resterande och inklusive kvinnor, räknades inte in i dessa kategorier. Osäker om kvinnorna räknades in bland fattighjonen.

Sedan räknades matlag och av totalt 568 matlag så var.,
7 st förmögna, 22 "behållna", 295 fattiga och 244 utfattiga.
Av dessa matlag var 178 st inhyses.

Viktigaste näringsgrenarna var åkerbruk, boskapsskötsel, kolning och till viss del fiske.

År 1834 fanns i Björkviks socken 530 hästar, 580 oxar, 830 kor, 460 ungnöt, 2000 får och 810 svin.

Två gårdar, Stora Munkebo och Smedstorp, som med släkter kommer att mötas och sammanslås i Smedstorp.

GUNILLAS SLÄKT VIA STORA MUNKEBO

1797 -04-21 föddes Erik Österberg i Östra Vingåker. ffff (Gunillas farfars farfar och med samma system nedan)
1802 -02-27 föddes Anna-Maja Jonsdotter i Bossbohl, Björkvik.fffm
1829. Erik med familj flyttar från Hofsta till Hönbäck (numera Hönebäck). Familjen flyttar därifrån till torpet Sten år 1840. Erik, torpare, antecknas sen som inflyttad från torpet Sten under Hofsta år 1846 och då till Björnskogen. Då flyttar även hustru Anna Maja, torparfru, och sonen Clas med till Björnskogen, Björkvik. Torpet Sten, finns inte längre och är i modern tid inkorporerat med Mörtbol i Björkvik.
1832 -12-18 har man fått sonen Clas Gustaf Österberg fff, som är född i Hönbäck. Man får ytterligare två söner, Johan Fredrik född 1829-09-30 och Karl Edvard född 1836-10-27. Båda födda i Hönbäck. Det måste väl ändå vara far Erik, som skaffade brännvinspluntan 1832, när sonen föddes! Den har initialerna C G Ö. 1832.

Plunta C G Ö 1832. Brukas vid jul fortfarande.

1861. 1861-1865 bor Erik ock Anna-Maja i Björnskogen. Det är den tid man vet att Anna Maja och Erik bodde här och det ses i husförhörslängd att man har en son Clas Österberg f 1832 och Clas hustru Maja Lena Andersdotter f 1837.

1837 -02-18 föddes Maja Lena Andersdotter i Björkvik, ffm. Dör sen 1924-11-21, vid Smedstorp
1864 Clas och Maja Lena gifter sig 1864-11-19 och flyttar till Målkärr 1865. Innan man flyttar till
Målkärr och blir torpare där, så får man dottern Lovisa Matilda f 1865-08-07. Målkärr är då torp
under Hofsta.
Enligt bevarad skrift angående Maja Lena, så hade hon överförmyndare mellan åren 1859 till 1864.
Dvs. tills hon gifter sig med Clas. Hon hade 1859 en tillgång på ca 200 riksdaler riksmynt. Myntslaget
präglades under tiden 1855–1872.
Hon har erhållit pengarna som ett "fäderne arf". 1864 hade hon summan ca 320 riksdaler riksmynt
och sista året hade tillförts jämt100 riksdaler riksmynt. Det av överförmyndaren antecknat.

Kommentar:
För kvinnorna i dessa tider så visas här på några steg, vad gäller rättigheter och myndighetsåldrar.
> *1845 lika arvsrätt i Sverige*
> *1858 ogifta kvinnor får ansöka vid domstol om att bli myndigförklarade*
> *1863 ogift kvinna automatiskt myndig vid 25 års ålder.*
> *1872 arrangerade äktenskap förbjuds och båda könen garanteras rätten att välja*
> *äktenskapspartner.*
> *1884 båda könen myndiga vid samma ålder*
> *Vissa yrken var dock fortfarande inte tillåtna för kvinnor.*

När sedan Maja Lena dör vid Stora Munkebo 1923-11-21, så har hon i bouppteckningen ett saldo på
ca 28000 kronor.

Målkärr nov 2017. Renoveras ! Gamla torpet låg till vänster om vägen. Mitt för röda huset.

1866-1870 Husförhör, Målkärr, Åkfors rote, under Hofsta torp, så finns här: Clas Gustaf Österberg fff,
född 1832 -12-18; Björkvik; Gift 19/11 64; Inflyttad från Björnskogen 1865; Skattskrifves för 1871
(alltså det visste man skulle ske)vid Munkebo Stora Hustru Maja Lena Andersdotter ffm, född f 1837-
02-18 Björkvik D. Lovisa Mathilda; född 1865-08-07; Björkvik S. Gustaf Edvard född 1867-04-07;
Björkvik D. Anna Sofia född 1869-05-05 ; Björkvik. Arrendator Johan Erik Ersson; Inflyttad från
Smedstorp !! Johan Erik är bror till Eva Lotta född Ersson och hon är Gunillas mmmm. Se nedan om
Smedstorp.

1871. Clas Österberg fff tog över som arrendator Stora Munkebo detta år. Troligen efter Jonas Carlsson, arrendator, som 1862 bor på Stora Munkebo.

1871-1876 Husförhör, Hönebäcks Rote - Munkebo, Stora, ½ Mtl Frälse, så finns här: Arrend. Clas Gustaf Österberg, från Målkärr 71 H. Maja Lena Andersdotter; Björkvik D. Lovisa Mathilda; Björkvik S. Gustaf Edvard; Björkvik D. Anna Sofia; Björkvik S. Och numera även Carl Otto; f 1871-10-09;BjörkvikS. Knut Gerhard; 1874-09-24; Björkvik. Senare får man även en dotter Hulda Maria, som inte syns i husförhöret.

Familjen flyttar till Stora Munkebo år 1871. Clas och Maja Lena köper Stora Munkebo av greve Carl R Mörner på Hofsta. Övertar skuldsedel på 1 900 riksdaler riksmynt. Greven är på skuldsedeln betalningsansvarig till löjtnanten Fredrik Odencrants som förmyndare till hovmarskalken Mathias Odencrants. Köpeskilling okänt. Lagfart får man först 1877-05-11.
Lika som beskrivs nedan om Smedstorpsaffären, så har greven skuldsedel, som förlängts och förlängts med Stora Munkebo som säkerhet. I detta fall med 5 600 kronor med 6 % ränta ända till 1896. Den har dock inte överförts på Clas Österberg. Märkligt förfarande! Greven hade problem. Detta är grundproblemet till vad som dyker upp som en stämning på Clas och Maja Lena år 1921. Se nedan.

Clas kommer att dö vid Stora Munkebo 1920-10-20

1867 -04-07 födde Clas och Maja Lena sonen Gustaf Edvard Österberg ff vid Målkärr. Han blev senare arrendator och delägare i Stora Munkebo. Sedan även kommunalordförande i socknen. Dessutom nämndeman vid tingsrätten. Gustaf var en aktad man med många förtroendeuppdrag. Han upprättade bouppteckningar, arvskiften, syn och köpekontrakt av fastigheter. T.ex. när hans bror köper affär i Vegersberg Lerbo. Även förteckningar vid konkurser och ansvarar för andras auktioner osv. Det även utanför socknen. (buntvis finns). Han gifter sig 1900-05-20, med Johanna Charlotta Gustavsson, fm. Gustaf Österberg dog i cancer 1924-11-04 vid Stora Munkebo.

1867 Johanna Charlotta (Lotten) Gustavsson fm, född 1867-09-28 i Forssa (Sörmland), död 1946-07-20 vid Stora Munkebo, Björkvik (D). Hon hade en bror G E Gustavsson född 1858-01-30, dör 1923-12-10 i Snytan? Björkvik. Begravningskostnaderna på 200 kr översteg tillgångarna på 140 kr och då är ändå gångkläder inkluderade med 30 kr.

Snusdosan som G E Gustafsson fick i 60-årspresent. Arvegods.

1900 -05-20 . Nu gifter sig Gustaf Österberg ff med Lotten Gustavsson fm.

1900 -03-15 hålls en auktion på Stora Munkebo, där behållningen tillfaller Clas Österberg och man ser att "tillträdaren" nu ska vara sonen Gustaf Österberg. Clas är fortfarande ägare, vilket innebär att Gustaf ska arrendera Stora Munkebo. Gustaf är den största köparen av inventarier och möbler. Gustafs bror Karl Otto Österberg, född 1871-10-09 i Stora Munkebo, men nu boende i Dragsta köper också inventarier. Auktionen omfattar även boskap såsom 16 kor, 2 tjurar, ett par oxar, får, grisar, och tre hästar. Gustav köper 9 kor och 1 häst (ett sto). Gustafs bror Edvard, nu i Smedsbol, köper inte så mycket, men dock 1 ko. Kuriosa är att grevinnan Mörner på Marieberg köper oxarna. Auktionen inbringar 7 270:57 kronor.

1905 -04-25 upprättas ett arrendekontrakt där Clas Österberg fff utarrenderar ½ mantal Stora Munkebo till sonen Gustaf Österberg f på 5 år. Årsarrendet är på 700 kronor. Kontraktet innehåller 9 punkter på rättigheter och skyldigheter. Bland annat ska upphuggen ved tillhandahållas ägaren, samt att ägaren får köpa mjölk, så och sätta grönsaker. Arrendatorn ska amortera för spåntaken på vagnshusen och vedboden.

Clas Gustaf Österbergs bomärke. Med bläck svartast över initialerna.

1907. Första (dåliga) bilden på Stora Munkebo
Fam Österberg, fr. v. sonen Herman, far Gustaf Österberg ff, mor Lotten fm och Gerhard f 4 år.

Stora Munkebo ca 1910

Gustaf Edvard Österberg iförd kubb ff. Hans hustru i hatt, Johanna Charlotta född Gustavsson, fm, kallades Lotten. Deras barn fr v Sonja, sedan gift Paulin, Herman och Gerhard f, som är Gunilla Gunnahrs far. Längst till höger, Gustafs syster Sofi,(enl. Gerhard) som senare gifter sig Rundkvist, bor senare vid Sofiero, men nu boende på gården. Övriga är tjänstefolk.

Enligt Gerhard Österberg f, så byggdes Sofiero 1929 och har sitt namn efter hans faster Sofi.

Stora Munkebo före år 1920, ca 1915. Vid förstoring och med tanke på åldern på människorna, så kan man med ganska stor säkerhet avgöra, att mannen i hög hatt, läsandets tidning vid entrén är Clas Österberg. Kvinnan mitt för fasaden bör då vara hans hustru Maja Lena Österberg, och rimligen är dom med cyklar, ett par av deras söner. Damen längst till vänster är då en av döttrarna. Familjen måste ha varit mycket driftig. Clas född vid Hönbäck och via Sten, Björnskogen och Målkärr, blir sen ägare till Stora Munkebo. Ett torparbarn som blev en välbeställd hemmansägare tillsammans med hustru Maja Lena.

Clas Österberg dör 1920-10-20 och efterlämnande 28 000 kr. Delat på nu fem barn, så erhåller sonen Gustaf 5 600 kronor, enligt arvskifteprotokoll. Boet delas inte. Se förklaring längre ner.

Här en bld funnen länsmuseet i Nyköping med underliggande text.

Rågen skördas med lie vid Stora Munkebo. När och vilka kan det vara?

Bilden bör vara från ca 1915 eller kanske något år tidigare. Utifrån församlingsbok från 1910, där det anges vilka som bor här och där det anges med deras födelseåldrar samt noga studerande av personerna, så är bästa antagande att dessa från höger är :

Clas Österberg, ägare född 1832; sonen Carl Otto född 1871; dottern Hulda Maria född 1876; sonen Knut Gerhard född 1874; Anna Sofia född 1869; Barnbarnet och sonen till Gustav Edward Österberg, Herman född 1901. Längst till vänster står då sonen till Clas, arrendatorn Gustav Edward Österberg (ff) född 1867.

Stora Munkebo, sent 20-tal.

1919 -06-01 vid extra kommunalstämma så utnämns Gustaf Österberg ff till kommunalnämndsordförande för en tid på sex år. Han får avlägga domared. Gustaf kommer att dö innan mandatet löpt ut. Hans son Gerhard Österberg f har berättat att han hade socknens papper hemma på sitt kontor. Räknar ut befolkningens skatter, pensioner mm. Man kan inte låta bli att jämföra med dagens kommunalhus!

Det är nu i början av 1920-talet som det inträffar, inom knappt fyra år, tre dödsfall i släkten. Clas Österberg fff dör vid Stora Munkebo 1920-10-20. Hans Hustru Maja Lena ffm dör här 1923-11-21 och sonen Gustaf Österberg ff dör här 1924-11-04. Arvsskiften hinns inte med. När sonen, arrendatorn Gustaf Österberg ff, dör alldeles för tidigt, 57 år gammal, så har arvskifte inte skett efter Clas Österberg och det blir lite komplicerat.

1919. Rörigt än värre blir det nu när det kommer två brev, ett från Överexekutorn i Södermanlands län och ett från Södermanlands Enskilda Bank. Första daterad 1919-11-12 och det andra 1919-11-11. Man skriver till Clas Gustaf Österberg och hans hustru Lena Andersdotter (Maja Lena). Man vill ha betalning för räntor på skuldebrev daterad 1907-02-11, på belopp 7 550 konor. Det är alltså en laga stämning som nu anländer. Skuldebrevet är med säkerhet i Stora Munkebo och hade förnyats senaste gången år 1916. Den hade vuxit i belopp vid förnyelser och omskrivningar. Härstammar från köpet av Stora Munkebo. Man kan se att det är Gustaf Österberg ff, som får ta tag i ärendet. Han tillåts ta ett nytt lån i Södermanlands Enskilda Bank, på 5 260 kronor med 6,5 % ränta. Resten var kontant. Skulden på 7 550 kronor är nu reglerad. Han har förhoppningsvis erhållit medel även från de andra stärbhusdelägarna. Gustaf dör dock mitt i denna kris den 4 november 1924. Då får hans hustru Lotten fm, genom sterbhuset för Gustaf Österberg teckna om lånet 1924-12-19. Hon löser skulden med ett nytt lån på 5 260 kronor med en högre ränta, 7 %, i Södermanlands Enskilda Bank. Det var nog ansträngt vi den här tiden. Ser att sterbhuset kontant betalat under februari och mars till Gustafs bror Edvard i Mjälnäs, Vrena belopp på 4 470 kronor. Han var väl stadd i kassa och hjälpte till.

1924 -01-09 finns bouppteckning efter Maja Lena Österberg, som dog 1923-11-21, med formellt med behållning efter skulder på 27 982:23, varav ½ mantal Stora Munkebo är taxerad till 28 000 kronor. Hon har då de fem barnen, Gustaf Edvard Österberg arrendator Stora Munkebo, förvaltaren Karl Otto Österberg Vrena Gård, handlanden Knut Gerhard Österberg Vegersberg, Anna Sofia gift med maskinisten Sten Rundkvist Björkviks Mejeri (här skriver man ut makens namn!), Hulda Maria gift med förvaltaren Carl Gustaf Hermansson Nykvarn Orresta. Maja Lena har varit sjuk och ger 50 kronor till sköterskan Augusta Jonsson.

1924 -04-29 hålls en auktion vid Stora Munkebo på inventarier, dock inte "levande" inventarier, för räkning Clas Gustav Österbergs dödsbo. Mycket möbler, husgeråd och kläder etc. Man hade troligen samlat ihop det som nu ansågs överflödigt. Behållning 1 747:25 kronor.

1925 -03-14 finns ett arvsskiftesprotokoll efter Clas Österberg och förmånstagare är sterbhuset med barnen Gustaf, Otto, Knut, Anna Sofia, Hulda, vilka nämns ovan. Det "företeddes" bouppteckningar från 1920-12-30 och 1924-01-09 (Maja – Lenas) samt lagfartsbevis på Stora Munkebo från 1877-05-11, då Clas köpte Stora Munkebo. Tillgångarna som upptas i protokollet är ½ mantal Stora Munkebo, dvs. hela fastigheten, taxerat till 28 000 kronor. Alltså inte lösöre. Det tillfaller barnen med 1/5 vardera. Dvs. 5 600 kronor per barn. Inga skulder är upptagna i protokollet.

Man kan ana att man är en aning oense om hur att förfara med Stora Munkebo. Det genom bland annat brev från Clas son Otto till Gerhard Österberg, där han föreslår att "ni har kvar gården på arrende". Vilka "ni" skulle vara är här oklart.

Det blir i stället en offentlig auktion avseende Stora Munkebo. Sker 1925- 02-09. Köpeskilling 35 000 kronor. Som säljare står, Clas och Maja Lenas barn, Knut Österberg, Otto Österbergs sterbhus, Sofia Rundkvist, Hulda Hermansson med make J E Hermanssons underskrift också.

Köpare är Lotten Österberg fm (Gustafs maka), och hennes barn Herman Österberg, Gerhard Österberg f, Fritjof Österlund för omyndiga Sonja Österberg. Tillträde 1925-03-14. Betalas kontant handpenning 3 500 kronor. Betalas även med övertagande av inteckning i Södermanland Enskilda Bank 7 500 kronor, som är belånad för 5 260 kronor och vid tillträdet 26 240 kronor. Till saken hör att när bouppteckningen efter Gustaf Österberg gjordes så redovisas boets behållning till 27 281 kronor och då avser det inte fastigheten, utan möbler och inventarier, såväl fasta som levande (dvs. boskap etc.). Detta ärvde då Lotten och hennes barn Herman, Gerhard, och Sonja. Lotten utses till förmyndare för Sonjas ägande, för hon är inte myndig.

Nu kommer Gerhard Österberg, att bli den som driver Stora Munkebo.

Gerhard, född 1903-11-29, konfirmand maj 1918.
Enligt Gerhard han första riktiga långbyxor. Tidigare gällde kortbyxor med långstrumpor och benlindor.

1924 Gustaf ff och Lottens fm äldste son Herman Österberg tog inte över gården. Herman blev handlare i Kärrbo utanför Västerås. Med hans hustru Vera, flyttade dom sent till Tystberga, där dom levde och dog. Det blev sonen Karl Gerhard Österberg, f, som tog över gården, som ansvarig för sterbhuset. Gerhard född 1903-11-29 vid Stora Munkebo. Dör sen1993-04-21 i Katrineholm. Minsta dottern Sonja kommer så småningom att flytta till Eskilstuna med sin blivande man Erik Paulin.

Lagfart finns från 1925 -09-02, då säljs Stora Munkebo av sterbhuset till syskonen Herman, Lotty och Sonja, senare gift Paulin, vilka blir delägare. Modern Johanna Charlotta (Lotten) Österberg, säljer nu sin del av Stora Munkebo till dessa sina barn.

Johanna Charlotta (Lotten) fm, som familjärt även kallades Lotten.
Med make Gustaf Österberg.

Gustaf Österbergs familjegrav. Här ligger även Lotten.

Gustafs barnbarn Gunilla Gunnahr och Christina Gustafsson vårdar fortfarande graven tillsammans med sina makar Leif och Lennart.
Gustafs hustru, Lotten, lever då fortfarande vid hans död. Hon kommer att dö 1946-07-20.

1928 -01-01 till 1929-01-01 hyr sterbhuset ut, genom Gerhard Österberg, ett hus på gården om 2 rum o kök med del i tvättstuga. Med elektriskt ljus. Hyresgäst är chauffören Erik Gustaf Eriksson. Årshyra 350 kronor. Senare från 1932-05-01 och på 10 år utarrenderas en tomt till Erik Gustaf Eriksson. Tomten är redan bebyggd med garage och är belägen mellan uppfartsvägen till Stora Munkebo och Sofiero. Årsarrendet är 10 kronor. Än senare från 1942- 05-01 skrivs nytt arrende kontrakt utan tidsbegränsning med årsarrende på 25 kronor. Erik Gustaf Eriksson startade EGE-trafiken och det blev ett ganska stort bussbolag, som så småningom flyttade till Katrineholm. Gerhard och Lotty med dotter Gunilla, gjorde en bussresa med EGE-trafiken till Paris på 1970-talet.

1932 -02-20 tar sterbhuset, med syskonen Herman, Gerhard, Sonja och deras mor Lotten ett litet lån om 1 500 kronor i Björkviks Sockens Sparbank till 6,5 % ränta, att amorteras med 50 kronor per år. Varför? Men intressant är att Björkvik hade nu egen sparbank. Lånet betalas tillbaka 1938-05-25 efter att Gerhard blivit formell arrendator.

1938 -02-12 tecknas ett arrendekontrakt på 5 år, där nu Gerhard Österberg f blir arrendator vid det sterbhusägda Stora Munkebo. Årsarrende 1 040 kronor. Ett i mitt tycke ganska tufft kontrakt.
Man undantar västra flygeln, lägenheten Kulla och garagetomten. Arrendatorn står för alla skatter och "onera"(pålagor, besvär etc.), brandstodsavgiften, svarar för amortering av elektrisk anläggning. Egendomens allmänningemedel ska tillfalla jordägarna. Vidare så ska deras mor Lotten ha huggen ved och tillgång till trädgården. Kanske inte så konstigt att Gerhard med sin hustru senare köper Smedstorp.

1944 -09-30 gifter sig Gerhard, född 1903-11-29 i Stora Munkebo, med vävlärarinnan Charlotta (Lotty) Johansson, m, född 1907-11-10 i Vadsbro, Katrineborg Sörmland. Man får raskt två döttrar Gunilla född 1945-07-12 född vid Stora Munkebo och Christina född 1946-12-30 född i Stora Munkebo. Lotty dör 1981-11-22 på Nacka sjukhus vid besök hos dotter Christina. Då är Lotty mantalsskriven i Katrineholm. Gerhard dör 1993-04-21 i Katrineholm.

Lotty och Gerhard år 1944.

1946- 10-19 görs en bouppteckning av Lottens dödsbo. Hon dog 1946-07-20. Bouppteckningen från 1946-10-19 anges, att hon såsom dödsbodelägare efterlämnat dom tre barnen Herman och Gerhard Österberg och Sonja Paulin. Vidare skrivs, att eftersom boet inte skiftats efter hennes Lottens make Gustaf Österberg och således ägdes av den avlidna och hennes dödsbo delägare, så upptas nu endast hälften av tillgångarna. T.ex. tas halva taxeringsvärdet upp med 19 300 kronor. Tillgångar utgörs av reverser, möbler, silver, guld och husgeråd. Avgår en skuld (inteckning) på 7 500 kronor. Behållningen är 20 212:20 kronor att dela på de tre barnen.

1948 -11-14 säljs Stora Munkebo, som är på ca 53 Ha, varav skog 23 Ha mark, och säljs då av detta nya sterbhus med Herman, Gerhard och Sonja. Pris 60 000 kronor.

1949 -06- 12 är det äntligen arvskifte efter Gustaf Österberg och nu erhåller de tre barnen 20 301:82 kronor vardera.

Familjen Gerhard Österberg kommer att flytta till Smedstorp som då köps av Gerhard och Lotty. Köpare av Stora Munkebo är Gunnar Larsson, som flyttar in här med familj. Köpebrev 1949-07-14 och lagfart 1949-10-05. Gunnar Larssons hustru Dagmar är född Hermansson och då släkt med Österbergs. Dagmar är dotterdotter till Clas Österberg och Dagmar är dotter till Gustaf Österbergs syster Hulda Maria, och som ovan nämnts gift sig Hermansson. Vid denna tid bor Lottys mor Ebba Regina Johansson i Smedstorp i den så kallade Ebbastugan. Se nu vidare om Smedstorp.

Stora Munkebo jan 2018.

GUNILLAS SLÄKT VIA SMEDSTORP

1753   Enligt ett utdrag från:
"General Munster Rulla för Södermanlands Infanteri Regemente, Lijf Companiet, Corporalen, Rotmästaren och Gemena, Fierde Corporalskapet",
Så hade man här en rote bestående av 2 ½ rotemantal, men nu från 1753-09-18, så hade beslutats att Smedstorp skulle svara för 1/9 av roteringsbesväret.

En man, Erik Persson, mmmmf, född 1796-09-30 i Stavtorp, Stora Malm (D), kom som dräng till Fall, Björkvik år 1820. Flyttar till Kohlstugan (Idag, Tegnebol Kolstugan) där han var statdräng 1829-1830. Till Smedstorp flyttar han 1830 år. Han blir då s.k. "åbo" vid Smedstorp.

Kommentar om åborätt: Juridisk term, "rätten att på viss tid eller livstid inneha annans jord såsom landbo eller under ärftlig besittning". Den som hade sådan rätt kallades åbo. Denne var innehavare av hemman eller lägenheter, som tillhörde kronan eller allmänna inrättningar, eller undantagsvis fastigheter i privat ägo. Åborätten kunde förverkas om man inte uppfyllde sina skyldigheter eller begick brott.

Erik Persson, mmmmf gifter sig 1822 med Stina Persdotter, mmmmm, som är född 1802-10-27 och från Tängtorp, Björkvik, där man gifter sig. Stinas far är Petter Simonson född 1762 från Kornboda, Björkvik. Mor Maria Andersdotter född 1723 är från Tängtorp, Björkvik. Erik och Stina med barn flyttar alltså från Fall, Björkvik 1829 till Kohlstugan.
Stina och Erik får sammanlagt sex barn, Greta Stina Ersdotter, född 1822-06-06 i Björkvik, Anna Sofia Ersdotter, född 1824-04-14 i Björkvik, Eva Lotta Ersdotter, mmmm, född 1826-12-24, Johanna Maria Ersdotter, född 1829-09-19 i Björkvik. Tre flickor är alltså födda vid Fall. Johanna Maria är född vid Kohlstugan, innan man flyttar till Smedstorp. Sedan kommer sonen Johan Erik Ersson, född 1833-02-13 (döpt 1833-02-17) i Smedstorp, Björkvik. Sedan föds en son till i Smedstorp, Carl Fredric född 1836-06-22. Denna familj med Erik och Stina startar, som släkt med Gunilla, sin verksamhet vid Smedstorp år 1830. Familjen bor kvar på Smedstorp. Stina dör i lunginflammation 1860-04-07 i Smedstorp.
Sonen Johan Erik Ersson tar över som åbo omkring 1865. Åborätten var ärftlig enligt regler av fideikommisskaraktär. Johan Eriks son är bara 1½ år gammal när han dör av scharlakansfeber i december 1866. Andra halvåret 1866 dör 14 barn i Björkvik av scharlakansfeber.
1871 flyttar Johan Erik till Målkärr och avlöser där alltså familjen Clas Österberg, som nu flyttar till Stora Munkebo.
Erik Persson mmmmf flyttade 1871 till sonen Karl Fredrics familj i Norra Munkebo. Där dör Erik 1878-06-29.
Se ovan även om Stora Munkebo och vad som händer där vid den här tiden.

1822-10-10 föds Anders Jonsson, mmmf. Anges födelse i Julbo (Hjulbo) Björkvik. Han är son till Jonas Ersson född 1787 och Stina Jonsdotter född 1794, från Hjulbo. Anders anges också ha flyttat från Hult 1850 där han har gift sig samma år med Eva Lotta Ersdotter, mmmm. Man flyttar nu till Smedjebol Björkvik.
Husförhör hålls i Smedjebol, Åbo, 1866-1870. Här i Smedjebol finns då Arrendatorn Anders Jonsson med hustru Eva Lotta Ersdotter; född 1826-12-24, mmmm, från Fall, Björkvik. Även finns då också dottern Charlotta Christina mmm, född 1851-03-31 här i Smedjebol Björkvik. Liksom även sonen Anders Gustaf född 1853-01 22 i Smedjebol, Björkvik. Man kan även se i ett auktionsprotokoll från Gjefersgöhl i Björkvik dat 1862-06-03 efter sin far Jonas Ersson, som dör vid Gjefersgöhl, att Anders Jonsson från Smedjebol, är här och köper en hel del saker. Bland annat möbler, kälke och verktyg. Hela denna familj Jonsson skattskrivs 1886 i Ängby vid Glindran, där Anders Jonsson står som Arrendator.

Enligt vad som berättats nu, jan 2018, av Åke Karlsson i Smedstorp, så fanns en pastor i Björkvik, som hade arrendegårdar i Björkvik. Pastorn såg väl Anders Jonssons kvaliteter och Anders fick i uppgift att bland annat sköta Ängby, vilket kom att bli Anders början på lantbrukarkarriären. Man kan se på en karta nedan, att just Hult, där Anders gift sig med Eva Lotta, har varit en kommunisterbostad.

1872 skattskrivs familjen Jonsson vid Smedstorp.
Kan då konstateras, att när Eva Lottas bror Johan Erik flyttar till Målkärr från Smedstorp, så flyttar Eva Lotta mmmm in i Smedstorp med sin man Anders Jonsson mmmf. Tillträde har skett 1871-03-14. Anders kommer att som ägare dö 1906-09-28, och han är då också ägare till Smedstorp med del av Lindby. Se köpet nedan. Eva Lotta dör 1890-09-25, också vid Smedstorp. Dottern Charlotta Kristina nämns ibland och ofta som Stina Lotta. mmm.

1851-03-31 föds Charlotta Christina mmm, som nämnts, i Smedjebol, och kommer sedan att dö vid Smedstorp 1936-12-01.

Intressant är att man kan se att Gunillas släkt har bott och verkat vid Smedstorp från 1830 till och med 1965. Dessutom att Gunillas släkt både på fars- och mors sida under 1800-talet växelvis har bott och verkat vid Målkärr.

Stina Lotta som barn ca mitten av 1860-talet.
Hon är den äldsta på bilden. Måste vara vid tiden när man bodde i Smedjebol.

Stina Lotta, mmm.

Från Stinas hår. Utfört av kringresande dalkulla

Stina Lotta 1930-tal. Gunillas mmm.

1869 -06-10 köper greveparet Carl Robert Mörner och Sally Mörner (född Fries), Hofsta för 289 375 riksdaler riksmynt av Fredrik Odencrantz, såsom förmyndare för hovmarskalken Mathias Odencrantz och hans fru Emilia Odencrantz (född Holmquist). Hofsta innehåller då även Lindby 3 ½ mantal och frälsehemmanet Smedstorp ¼ mantal. Läst på annat håll att Sally var bekymrad över grevens stora fastighetsaffär.

1869 -10-05 har C R Mörner, ägare till Hofsta, vissa ekonomiska bekymmer. Från denna dag finns gravationsbevis med två inteckningar vidhäftade Smedstorp 1/4 mantal. Den ena med inteckning för 2200 riksdaler riksmynt jämte 6 % ränta. Skuldebrevet från 1869-03-15 undertecknat av C R Mörner och Sally Mörner och ställd med skuld till Häradshövdingen C J Matthiessen. Denna skuldförbindelse förnyas flera gånger och är uppe i Svartlösa Häradsrätt så sent som 1896-01-16.

Då har för länge sen Smedstorp sålts av Mörner. Märkligt! Men man kan se i dokument att när greven blir delägare i Mälardalens Hypoteksförening, så får han här ett lån på 2200 riksdaler riksmynt. Den 30 januari 1872 borgar Anders Jonsson och hans hustru Eva Lotta för denna "grevliga" skuld med betalningsansvar till Hypoteksföreningen. Dock kan man se att greven, enligt ovan, inte reglerar sin skuld till Matthiessen.

Den andra är en inteckning från 1869-10-05 på 800 daler riksmynt med förbindelse till Fredrik Odencrantz, som förmyndare till Hovmarskalken Mathias Odencrantz och det med förmånsrätt för obetald köpeskilling. Det med 6 % ränta. (förmyndare till en Hovmarskalk, som var gift??)

1870 -04-21 , enligt köpekontrakt, så köper Anders Jonsson mmmf Smedstorp ¼ mantal för en köpeskilling 5000 riksdaler riksmynt. Tillträdet ska ske 1871-03-14. Då består Smedstorp, enligt karta från 1869 av: 21 tunnland 6 9/10 kappland tomter och åker, 13 tunnland 4 2/10 kappland ängsmark, 31 tunnland 21 6/10 kappland hagmark samt 26 1/10 kappland impediment. Betalning sker enligt:
Vid kontraktstecknandet handpenning 500 Riksdaler Riksmynt (RdR). Vid tillträdet 1500 RdR. Övertar inteckningskulden på 2200 RdR hos Mälardalens Hypoteksförening och inteckningsskulden på 800 RdR hos F O Odencrantz. (Se ovan)

1871 -07-21 säljer Carl R Mörner från sitt Hofsta, enligt ett köpekontrakt ½ mantal säteri Lindby N:o1 till G A Wirström i Ödesäng. Men kontraktet transporteras i samma dokument över till Anders Jonsson i Smedstorp. Revers upprättas på belopp 4000 riksdaler riksmynt med säkerhet för greven i den delen av fastigheten som benämns Dalhagen. Köpeskilling 8600 riksdaler riksmynt. Tillträde 1873-03-14 varvid reversen förfaller till betalning. 1872 -05-13 upprättas köpebrevet, och då till, citerat: "Anders Jonsson och hans hustru Eva Lotta Ersdotter" som en del av grevens gods. Det som säljs till dessa är "säterihemmandet ½ mantal Lindby N:o 1 med tillhörande oskattade torpet Lyshälla, jämte att vad i övrigt till detta hemman hörer".

En noggrann förteckning, från 1871-12-11, på vad som köps finns upprättad vad gäller olika sorters mark för odling, bete, skog, vägar, impediment osv. Hela Lindby ½ mantal säteri utgör 139 tunnland, 3,9 kappland varav stamhemmanet utgör 94 tunnland 31,4 kappland och Lyshälla 44 tunnland 4,5 kappland.

Del av Lindby kommer att ingå som en del i vad som brukas via Smedstorp. Lindby säterihemman styckas. Bland annat avstyckas nu Lyshälla N:o 1, 1/6 mantal, från Lindby N:o 1.
Strul hade uppstått då G A Wirström dagen efter att han tecknat kontrakt med greven, så skriver Wirström ett köpekontrakt med försäljning av samma fastighet, som han just köpt. Köparen är här Carl Johan Andersson i Kila. Av detta blev det intet, eftersom kontraktet i stället kom att transporteras till Anders Jonsson mmmf i Smedstorp. Någon eller några gillade inte Wirströms upplägg.

1872 -06-10 fastställer häradsrätten i Jönåker, efter tre lagtima ting, att Anders Jonsson mmmf är formell ägare till Smedstorp ¼ mantal frälse. Här anges köpesumman till 5000 riksdaler riksmynt.
1872 -10-12 beslutar Kunglig Majts och Rikets Kammar Collegium, att Lyshälla får namnet Lyshälla N:o1. Med 1/6 mantal.

1874 -06-25 beslutas av Kammar Collegium med ändring, att Lindby N:o 1 har 1/3 mantal och att det ska benämnas Dahlby N:o 1, dock att det gamla namnet jämväl bibehålles. Därför kan det ibland stå i vissa dokument: "Lindby N:o 1 eller Dahlby N:o 1".

1873 -10-11 upprättas ett köpekontrakt, och nu kommer ett längre citat: *"Jag Anders Jonsson i Smedstorp upplåter och försäljer här medför alltid till snickaren Carl Johan Pettersson i Herrgölet lägenheten Dalbylund i mitt genom Kungl Majts Befallningshavandes i Nyköpings län utslag den 12 Oktober 1872, af det forna ½ mantal Säteri Lindby N:1 bildade nya säterihemman 1/3 mantal Dalby N:o 1 utgörande lägenheten Dalbylund af Dalbys sydvästra hörn där sockenvägarna från Hult och Bossbohl sammanstöta, med ungefär 700 fots rak sida mot Bossbohlsvägen och ungefär 850 fots rak sida mot Hultsvägen samt innefattande 2 tunnland 5,1 kapplandodlad jord och närmare 2 tunnland icke odlad mark mot en överenskommen köpeskilling stor fem Hundra /500/ Riksdaler Riksmynt samt följande villkor. 1; Fastigheten tillträdes 14 mars 1875, med dock köparen förbehåller rätt att innan dess å lägenhetens område uppföra byggnader. 2; Köpeskillingen liqvideras medelst utfärdande af revers å hela beloppet med tolf månaders uppsägning och fäm procent årlig ränta från tillträdesdagen. 3; Med lägenheten följer för alltid rättighet till årlig utsyning från stamhemmanet af två stycken trealnars famnar ved. 4; Så snart Kungl Kammarkollegium fastställd Landskiftdingembetets ofannämnda utslag, skall lägenheten Dalbylund afsöndring lagligen verkställas medelst bestämmande af avgäld till stamhemmandet. Kostnaderna härför bestrides till hälften af säljare och köpare."* Avskriften gjord så detaljerat som möjligt med avsaknande kommatecken och närmast möjliga stavning. Med avsöndring menas den formella avstyckningen.

1875 -10-20, på en begäran av Johan Pettersson så avsöndras en lägenhet Dahlby N:o1, 1/3 mantal, från Lindby N:o 1. Storlek på Dahlby anges till 22.34 kvadratrevar (1 kvadratrev = 882 m2). Avsöndringen skulle betalas med 3 kr 72 öre förvandlade till 2 kubikfot spannmål. Hälften råg och hälften korn samt 13 öre!
Namnändringar har skett år 1874 enligt ovan. Så var nu det ursprungliga eller som skrivs "det fordna" säterihemmanet styckat. Lite krångligt att följa!

1875 -04-24 så skänker Anders Jonsson mmmf och hans hustru Eva Lotta Ersdotter mmmm, en bit mark om ¼ tunnland till socknens Evangeliska Luterska Missionsförening. Det från ¼ mantal Smedstorp är beläget som man skriver: "I Hagbacken jämte allmänna sockenvägen mittemot torpet Lyshälla belägen och består af en rätvinklig fyrkant utom den sidan vid Landsvägen följer densamma". Missionsförsamlingen ska årligen erlägga en avgäld av en krona. !

1875 -11-17 så skriver Anders Jonsson mmmf ett arrendekontrakt där han utarrenderar 1 tunnland mark till snickaren Anders Peter Pehrsson i Johannisberg Björkvik. Tillträdet skedde 1875-03-14 och ska vara i 40 år, till "omkring" 1920! Avgälden sattes till 5 Riksdaler Riksmynt årligen.

1882 -12-27 upprättas en förteckning över ägorna ¼ mantal Smedstorp (inte Lindby), som anger total yta på 67 tunnland 16,7 kappland, varav drygt hälften är odlingsbart. Resten är tomter, väg, mossjord osv.

Värt att nämna från den här tiden, är att Eva Lotta Ersdotters mmmm syster Greta Stina Ersdotter, född 1822-06-06, följer sin familj till Smedstorp som barn år 1830 och sedan flyttar till Stora Malm 1839. Därefter återkommer hon till Smedstorp 1840. Man kan se i födelseboken 1845-1850, att här bor hon nu med sin man Gustaf Carlsson född 1815-09-20 i Björkvik Han kom 1839 från Ängen i Björkvik. Man har en dotter Augusta Matilda född 1843-11-16. Sedan kan man se att Greta Stina inte finns vid Smedstorp, åtminstone under tiden 1851 och fram till 1855. År1855 finns hon som inflyttad från Sandstugan till Smedstorp och då som änka. Hon blir "inhyses" här och "har fattigdel". Senare under perioden 1866- 1871 anges hon som "sinnessvag". Vid husförhörslängden 1881-1886, ser man hennes namn för sista gången vid Smedstorp. Säkert var Smedstorp, hos sin syster, ett bättre boende än fattigstugan!

1875-01-24 gifter sig Charlotta Christina mmm (Stina Lotta) i Björkvik med Claes August Södergren mmf från Lerbo, Nyqwarn, Bettna. Claes flyttar nu till Smedstorp.

1877 -03-14 upplåter Anders Jonsson mmmf, född 1822-10-10 i Björkvik, död 1906-09-28 i Smedstorp, sitt ägande av ¼ mantal Smedstorp och 2/3 av ½ mantal Lindby, (stavas ibland Linby) Björkvik, med arrende på 5 år, till mågen Claes August Södergren mmf. Årsarrendet är på 700 kronor. Claes August dör 1884-02-18, och som senare visar sig, genom drunkning i Norrköping.

Norrköpings Tidningar 13 juli 1885 s.2 spalt 3 Uppflutet lik. Igår uppflöt wid tegelkajen å södra stranden ett till oigenkänlighet förruttnadt lik af en mansperson, som tros hafwa warit landtbrukaren Clas August Södergren från Nyqwarn, Bettna socken, hwilken den 18 Februari 1884 kl. 7 på aftonen aflägsnat sig från härwarande gästgifwaregård, sedan han der inlemnat häst och åkdon, jemte sina öfriga reseffekter, och sedemera ej afhörts. Södergren war 44 år gammal.

Claes begravs 1885-07-19.

1884 -03-26, innan man funnit Claes, så hålls en auktion vid Claes födelsehem Lerbo, Nyqwarn, Bettna. Karl August Södergren mmmff född 1814-04-29 i Lerbo, och Johanna Sofia Lundin mmmfm född 1819-07-24 i Nykyrka, hade bott i Nyqvarn men flyttat till Bossbohl Björkvik. Auktionen omfattar levande och döda inventarier. T.ex. Två oxar för tillsammans 423 kronor. Anders Jonssons son Gustaf Andersson från Apeltorp är också här och handlar. Anders Jonsson handlar själv också och som slutkläm tillför han 300 kronor utan att köpa något, så saldot blir 3 540:75 kronor. Tillfaller arvingarna, nämns dock inte vilka.

1885 -03-09 upprättas ett köpekontrakt, som jag inte förstått. Här säljer Anders Gustaf Anderson sitt 1/8 mantal Apeltorp i Bettna socken till sin far Anders Jonsson mmmf i Smedstorp. Det för 9 650 kronor. Sonen får 3 000 kronor kontant. Sedan övertar Anders Jonsson hypotekslån på 1 600 kronor och resterande med et par skuldebrev med 6 % ränta. Ser inte senare att Anders Jonsson säljer Apeltorp.? Sonen bor sedan kvar vid Apeltorp.

1841 -12-05 föddes Claes August Södergren mmf i Nyqvarn Lerbo, Bettna. Död 1884-02-18 alltså genom drunkning i Norrköping. Han gifter sig med Stina Lotta mmm, dottern till Anders Jonsson. Vigsel mellan Claes och Stina Lotta sker 1875-01-24 i Björkvik. Hon fick då namnet Södergren. Claes och Stina Lotta får döttrarna: Edith Charlotta, född 1876-05-04 i Smedstorp Björkvik och Ebba Regina, mmm, född 1880-06-08 i Smedstorp Björkvik.

1885 -10- 22 förordnas av Häradsrätten, Anders Gustaf Andersson i Apeltorp, född 1853 och som är son till Anders Jonsson, till förmyndare för de då omyndiga barnen Edit och Ebba Regina. Han entledigas från uppdraget 1891-02-20, när Stina Lotta gift om sig. Ett annat dokument av intresse är en "förmyndarredogörelse", för Ebba Regina Södergren. Så nu enligt redogörelsen mellan åren 1899 - 1901, när hennes mor Stina Lotta gift sig med Albert Andersson så "måste" han bli förmyndare för Ebba Regina. Gift mor kan inte vara förmyndare! Man ser att Ebba Reginas behållning år 1899 är 1381:53 kronor och på myndighetsdagen 1901-08-08 är 1456:68 kronor.

1847 -10-24 föds Albert Andersson i Lerbo Södermanland. Dör 1934-06-08 i Smedstorp, Björkvik. Änkan Stina Lotta Södergren, kommer att gifta sig med hemmansbrukaren Albert Andersson från Lerbo, Kämbol. Han har rört sig i Björkvik och han deltar i bl.a. i en auktion, mars 1885, i Spånga Björkvik, där han efter avlidne Karl Erik Eriksson köper en päls. Här antecknas han vara från Kämbol. I ett försäkringsbevis utfärdat av Nyköpings Läns Brandstods-bolag från 1885-07-11, så har Albert Andersson försäkrat sitt ½ mantal Kämbol för 6 950 kronor. Paret gifter sig i Björkvik, 1887-09-17 i Björkvik och dom tre lysningarna sker under augusti och september detta år.

Albert flyttade till Smedstorp 1890-03-24. Stina Lotta och Albert fick sonen Erik Gustaf Albert född 1889-04-29 i Kämbol, Lerbo Södermanland. Erik byter långt senare namn från Andersson till Wretstam eftersom han med familj kommer att bosätta sig på Vreta gård i Vadsbro Södermanland. Ett därmed grundat antagande är då, att Stina Lotta under ett par år bor i Kämbol Lerbo med sin make, eftersom sonen Erik Gustaf Albert föds där. Erik Wretstam dör 1963-04-08 i Nyköping.

1891 -03-14 är det bouppteckning efter Claes August Södergrens föräldrar Karl August Södergren mmmff född 1814-04-29 i Lerbo, och Johanna Sofia Lundin mmmfm född 1819-07-24 i Nykyrka. Dom har båda dött vid Bossbohl Björkvik under november 1885. Dom hade då fyra döttrar, varav en var död. Sedan också då nu avlidne sonen Claes August Södergren mmf, som drunknade. Detta innebar att Claes barn med Stina Lotta också blev arvingar. Dvs. omyndiga barnen Edit och Ebba Regina, vilka företräds av Albert Andersson. Dom två får 875:78 kronor vardera.

1889 -10-10 förrättades tillträdeshusesyn "på åbyggnaderna å ¾ mantal Smedstorp med Lindby i Björkvik" och då mellan avträdaren August Larsson och tillträdaren Albert Andersson, Kämbol. Med vid synen var "jordägaren" Anders Jonsson mmmf. Åbyggnader avser ett bostadshus på 6,08 m x 3,9 samt brygghus, smedja och loge på ett gärde. (Dokument finns)
Kommentar: Här avses syn inför arrende. Antagligen har Anders Jonsson arrenderat ut Lindby med del av Smedstorp till August Larsson, men nu har Albert Andersson kommit in för att här bli hans måg och efterträdare.

1890 -03-14 skrivs arrendekontrakt där Anders Jonsson mmmf utarrenderar på 10 år "till Albert Andersson från Kämbol fån 14 mars 1890 mitt egande ¼ mantal Smedstorp samt 2/3 av ½ mantal Lindby med därtill hörande egor", för 300 kronor per år. Kontraktet har 15 paragrafer. Bland annat ska arrendatorn kostnadsfritt hålla 1,5 kanna sötmjölk, ½ tunnland åker årligen för potatisodling, gödsel efter behov, samt vinterfoder och sommarbete för 2 får. Angående dom två fåren, se nedan i Eva Lottas bouppteckning.

Anders Jonssons hustru Eva Lotta Ersdotter mmmm, född 1826-12-24 från Fall, Björkvik (D), dör 1890-09-25 i Smedstorp, Björkvik (D).

1890 -11-01 förrättades bouppteckning efter Eva Lotta Ersdotter och arvingar är maken Anders Jonsson, sonen Anders Gustaf Andersson född 1853 och dottern Christina Charlotta (Stina Lotta) född 1851. Totala behållningen är 17 454:61 kronor. Som fastighet nämns Smedstorp med Lindby 7/12 mantal till ett taxeringsvärde om 12 500 kronor. Sedan nämns bara som kreatur 1 gris och 2 får. Arrendatorn har resten får man anta. Vidare nämns husgeråd, lite guld och silver mm. Utestående fordringar uppgår till 5377:70 kronor och då bland annat från brodern Carl Fredric Andersson i Norra Munkebo, 400 kronor och från svågern Albert Andersson 350 kronor, noteras från Kämbol, fastän han är i annat dokument ses inflyttad till Smedstorp 1890-03-24.

1891 -10-05 blir det arvskifte efter Eva Lotta Ersdotter mmmm. Maken Anders Jonsson mmmf erhåller hälften av behållningen inklusive fastigheten del av Smedstorp och då med Lindby med 7/24 mantal. Sonen Anders Gustaf och dottern Stina Lotta en fjärdedel var, och del av fastigheten Smedstorp med Lindby 7/48 mantal, var. Sedan finns tre tillägg i protokollet av Häradsrätten. Det första tillägget anger att Anders Jonsson nu istället erhåller 1/8 mantal av frälse Smedstorp och 1/6 mantal av frälseladgården Dahlby eller Lindby N:o 1. Dom andra två tilläggen anger nu att sonen Anders Gustaf och dottern Stina Lotta vardera erhåller 1/16 mantal Smedstorp och 1/12 mantal av Dahlby eller Lindby N:o 1.
Dessa tillägg är från 1891-10-20. Man hade visst inte koll på vad man ägde, efter alla dessa affärer och utarrenderingar. Särskilda lagfarter för parterna upprättas nu för klargörande.

1892- 05-21, så genom ett köpekontrakt, och lagfart, så säljer Anders Jonsson och hans son gården och nu citeras här intressant text:

"Jag Anders Jonsson och Gustaf Andersson (son till Anders) och min hustru Mathilda Andersson upplåta och försälja härmedelst till arrendatorn Albert Andersson och hans hustru Charlotta (Stina Lotta) Andersson de i oss arf tillfallna 7/12 mantal frälsehemmandet Smedstorp med Lindby emot en överenskommen och betingad köpeskilling stor niotusentrehundrasjuttiofem /9375/ kronor och som vi denna köpeskilling tillfullo bekommit".

Tillträdet är omedelbart och omfattar *"allt vad där tillhörer".* Innebär då alltså såväl levande som döda inventarier.

I och med detta köp så äger Albert Andersson och Stina Lotta Andersson hela Smedstorp med Lindby själva utan delägande.

Dock finns i köpekontraktet vissa förbehåll.

Ett är att sonen Gustaf Andersson under 40 år ska ha avverkningsrätt till 8 tunnland skog i hörnet av Dalhagen vid Bossbolsvägen intill Ödesängs mark. Här ska ägaren av Smedstorp inte under nämnd tid få avverka skog. Ett annat förbehåll är att Stina Lottas far Anders Jonsson under sin återstående livstid ska få bo kvar i boningshuset på södra sidan om vägen och erhålla "upphuggen och hemforslad vedbrand till mitt behov". Vidare så, "köparen förpliktigar, att mot skälig ersättning lemna mig (Anders Jonsson) nödig tillsyn på min ålderdom"

I folkräkning från 1900 står Albert Andersson som ägare till Smedstorp och
Anders Jonson, f. 1822 i Bj.vik, "f. äg. Undantagsh"

I ett par försäkringsbevis utfärdat av Nyköpings Läns Brandstods-bolag från 1887-11-30 och 1897-08-23 kan man se lite grann om byggnaderna och försäkringsbelopp. Avser Smedstorp med 1/3 mantal Lindby.

1887 har man försäkrat i 8 punkter, med ett totalt försäkringsbelopp på 8 050 kronor.
Undertecknat Anders Jonsson.
1. Boningshus (Smedstorp), 1-våningshus, 3 rum, 11x6,2 m, höjd från stenfot: 4 m. Stenfot: 0,5 m
2. Boningshus söder (Ebbastugan), 1-våningshus, 2 rum, 9,3x5,5 m, höjd från stenfot: 4 m. Stenfot: 0,5 m
3. Spannmålsbod drängkammare och vedbod.
4. Stall, oxhus, 2ne (tvenne) vagnshus.
5. Loge och fähus.
6. Svinhus, fårhus med lada.
7. Brygghus
8. Loge på gärdet vid Lindby

Alla tak har tegel, förutom logen vid Lindby, där taket består av spån.

Alla hus är av timmer, förutom de under punkt 4, 5, och 6. Här beskrivs det som "timmerbrädat".

1897 har man försäkrat i 7 punkter, med ett totalt försäkringsbelopp på 12 050 kronor.
Undertecknat Albert Andersson.
1. Boningshus (Smedstorp), 1-våningshus, 5 rum, 16,4x6,2 m, höjd från stenfot: 4 m. Stenfot: 0,7 m
2. Boningshus söder (Ebbastugan), 1-våningshus, 2 rum, 9,3x5,5 m, höjd från stenfot: 4 m. Stenfot: 0,5 m
3. Drängkammare och bod.
4. Ladugårdshus och loge. 56,8x5,2 m, Stenfot 0,7 m.
5. Brygghus och smedja. Här antecknas: "Öfer 100 m från öfriga hus".
6. Loge på gärdet (Lindby).
7. Magasin för spannmål. 11,9x4,2 m, Stenfot 0,5 m Antecknas: "Nybyggt".

Alla hus anges nu vara av timmer. Och alla hus har nu tak av tegel.

Så under dessa mellanliggande 10 åren så har det hänt en hel del. Boningshuset är utbyggt. Man har rivit vissa byggnader och byggt en magasinsbyggnad. Lagt om taket på logen vid Lindby. Familjerna Anders Jonsson och Albert Andersson har varit aktiva.

1903 -10-17 så säljer Albert Andersson till byggmästaren Johan Eriksson i Eneby Björkvik ett jordområde om 63,8 ar, för 300 kronor från *"mitt egande 1/3 mantal Dahlby"*. Jordområdet beskrivs enligt: *"beläget å Dalby hages vestra sida och gränsar sig till Evangeliska Lutherska missionsföreningens tomt och en del till vägen som åtskiljer nämnda hage och Hofsta Säteris egor och i söder gränsar till åkerskifet af Dalby gärde."* Särskilt skrivs också att köparen ska ha sommarbete för en ko i Dalby hage, så länge som han och hans hustru är i besittning av köpt jordområde.

1907 -04-04 förrättades arvskifte efter Anders Jonsson mmmf som avled 1906-09-28. Han hade två arvingar, "sonen Anders Gustaf Andersson i Apeltorp i Bettna och Charlotta Christina gift med hemmansägaren Albert Andersson" (man skriver ut att Charlotta Christina mmm var gift med en man! ?)
Bouppteckning efter Anders Jonsson fanns nu från 1906-11-03. Behållning nu var 11 076:42 kronor att dela lika. Med att man är tillfreds med arvskiftet undertecknas av Anders Gustaf Andersson och Albert Andersson. (Inte av makan Charlotta Christina!). Man kan se att Anders Jonsson hade kontanta medel, 3621:52 kronor och att bland fordringar så var Albert Andersson skyldig 4180 kronor, vilket troligen mest härstammar från Alberts och Stina Lottas köp av fastigheterna år 1892.

Entré-sten sidoingång vid Smedstorp. Signatur A J, dvs. Anders Jonsson.
Foto jan 2018.

Albert Andersson, Stina Lottas andre make
Som tar vid efter Anders Jonsson.

1880 -06-08 föds, som nämnts Ebba Regina Södergren mm. Hon får ett speciellt liv. Hennes far drunknar när hon är 5 år. Hennes man avlider när hon är 42 år. Vi ser att hon vid folkräkningen 1900 bor på Smedstorp, men vid folkräkningen år 1910 har hon flyttat. 1907-03-03 gifter hon sig med Manfred Johansson från Rudskoga i Värmland. Man flyttar nu till Katrineborg i Vadsbro. Man får tre barn Charlotta (Lotty) m, f 1907-11-10, Martin f 1910-10-16 och Linnea f 1912-12-13. Lotty föddes för tidigt i Björkvik, enligt berättelse av Gunilla Gunnahr. Risk för att Lotty dör. Därför finns olika uppgifter om födelseort, dvs. Vadsbro och Björkvik. Gissningsvis vistades Ebba Regina vid Smedstorp vid Lottys födelse. Martin och Linnea är födda i Vadsbro.

1880 -12-25 föds Julius Oskar Manfred Johansson i Rudskoga, Värmland.

Manfred och Ebba Regina

Manfred Johansson mf

Ca 1911,troligen i Vadsbro, Katrineborg. Sittande Ebba Regina med dottern Lotty född 1907 och sonen Martin född 1910. Stående Ebba Reginas syster Edit. Dotter Linnea är ännu inte född.

Denna bild på Ebba Regina Södergren mm, senare Andersson är med för att på översta tavlan ses bild på hennes far Claes Södergren mmf, tillsammans med sin Stina Lotta mmm.

Manfreds far i Turesåsen Rudskoga socken. Johan Oskar Jansson mff, född 1853 i Finnerödja, Västergötland och här hans andra hustru Anna Stina Johansdotter. Maria Lovisa Johansdotter mfm, född 1856 i Rudskoga. Lotty kom senare, att ärva del av Turesåsen.

Johan Oskar Janssons mff första hustru Maria Lovisa Johansdotter mfm, är född 1856 i Turesåsen, som ägdes av hennes far.
Maria Lovisa dog 1883-03-18 i lunginflammation. Hon var alltså Manfreds mor.

Johan Oskar mff och Maria Lovisa mfm i yngre dar.

Manfred blev en riktig entreprenör och affärsman. Tillsammans med Ebba Regina arrenderade man först Katrineborg i Vadsbro, Södermanland, med start 1907. Det av hovdamen Cecilia af Klercker, som tjänstgör för drottning Viktoria, gift med Gutav V. Snart, 1913, flyttar man till Berga, Bogsta utanför Tystberga.

1913 -02-02 skrivs arrendekontrakt på fem år, med Manfred Johansson som arrendator, med tillträde 1913-03-14. Avser Berga Bogsta socken. Dvs. strax utanför Tystberga. Kontrakt och synprotokoll finns. Manfred prutar med en tilläggsklausul från 2300 kronor ner till 2050 kronor per år i arrendeavgift. Många bättringar ska göras till en summa av 3 013:53 kr varav ägaren X.X Löfgren ska stå för en tredjedel.

Berga, Bogsta. Här bodde man år 1913-1918.

Dottern Lotty m, i Tystberga skola. Bakersta raden, längst bak i andra barnet från höger efter lärarinnan. Lotty berättat att hon gick från Berga till och från skolan. Ganska långt! Ca år 1915.

1916 -11-16 skrivs ett kontrakt mellan Manfred Johansson och John Bernström, Näsby Säteri. Manfred befrias nu från arrendeavtalet och säljer "levande och döda inventarier". Summa 29 500 kronor. John Bernströms tillträde är 1917-12-01, då likvid ska erläggas till Manfred.

En tomt för byggnation av Annelund, Nålberga 1:28, Tystberga köps av Edvard Trygg, 1918-05-18, för 1025 kronor. Köpare är Manfred Johansson mf. År 1918 byggs här Annelund upp i Tystberga med adress Stationsvägen 16. Manfred är från år 1917 spannmålshandlare i kompanjon med Karl Widén. Firman heter Widén & Johansson. Man byggde nära huset, och intill järnvägenen, ett spannmålsmagasin. Karl Widén byggde sig ett lika stort bostadshus, benämnd Karlsborg, med adress Stationsvägen 14, bredvid Annelund. Karlsborg blev senare lokal för Skandinaviska Banken och Annelund för Konsum. Spannmålsföretaget såldes 1923 efter Manfreds död. Manfred har vid ungefär denna tid även ett sågverk vid Sjösa, Nyköping, men säljer det mesta innan sin död. Det enligt tidigare uppgift från Gerhard Österberg f.

Annelund under uppbyggnad, antecknat bakom fotot år 1917.
Man hade redan börjat bygga innan tomten var köpt.

1921 taxeras Annelund till 28 000 kr.

Här nedan ses den röda spannmålsbyggnaden, men den är nu sen 1926 utökad med kvarnhus.
Stora bostadshuset längst till höger är Karlsborg och bredvid står Annelund.

Del av flygfoto från 1937 med Centralföreningens magasins- och kvarnbyggnad mitt i bilden. Ur hembygdsföreningens arkiv

Tysberga 1940-tal, Annelund skymtar bakom vitaste huset.

1922 -02-05 avlider Manfred Johansson plötsligt vid Annelund. Enligt bouppteckningen, 1922-03-14, består boet av, här avrundat till 75 000 kronor. Efterlämnar makan Ebba Regina och sonen Martin o döttrarna Lotty och Linnea. Alla mellan 14 och 9 år. Med vid bouppteckningen är Ebba Reginas svåger Erik Eriksson gift med Ebbas syster Edit. Dom är från Harby Kjula. Sedan dröjer det till 1925-02-19, när det blir arvskifte. Belopp att skifta har nu stigit till 89 702:16 kronor. Bland annat har taxeringsvärdet för Annelund stigit till 30 100 kronor och bankmedel har förräntats. Man kan se att Manfreds dödsbo hade kvar en liten del i sågverket i Sjösa, värderat till 750 kronor. Ebba Regina erhåller hälften dvs. 44 851:08 kronor och dom tre barnen 14 950:36 kronor vardera.

1925 skrivs testamente i Harby Kjula av makarna Eriksson. Makan Edit Eriksson är syster till Ebba Regina. Nu bor Ebba Regina med barnen Martin, som ska få 15000 kr, Lotty 5000 kr och Linnea 5000 kr. Flickorna får mindre än sin bror! Edit dör 1927-10-07.
1926 -10 31 finns ett utdrag av ett lagfartsprotokoll där det framgår att dödsboet Ebba Regina med barnen Martin, Lotty och Linnea har 3/64 mantal av 1:1 , ¼ mantal Turesåsen i Rudskoga socken. Det är arvegods efter Manfred Johansson.

1928, finns en årsräkning för förvaltning av förmyndarskap för Lotty. Förmyndare är hennes mor Ebba Regina. Lotty blev myndig 1928-11-10 och hade en behållning på 17 838:02 kronor. Mycket pengar vid den här tiden.

1936 -02-14 säljer Ebba Regina Annelund, med tillträde för köparen 1936-04-01. Det för 22 000 kronor. Fastigheten är belånad med 14 000 kronor. Särskilt skrivs: " korkmattan i köket ska följa köpet". Annelund som 1921 och i bouppteckningen från 1922, var upptaget till 28 000 kronor. Nu har värdet sjunkit med 6000 kronor.

Ebba Regina flyttar1936-04-02 till Smedstorp med barnen Lotty, och Linnea. Sonen Martin har redan 1935-12-10 flyttat till Smedstorp. Ebba Reginas mor dör 1936-12-01, så det är naturligt med flytt till Smedstorp för henne. Och Ebba Reginas "styvfar" Albert Andersson hade dött 1934-06-08.

1930 (anges inte närmare datum) så görs av distriktslantmätaren Gustaf Willén en exakt uppmätning av ¼ mantal Smedstorp nr 1, nu även benämnd Smedtorp 1:1 och ½ mantal Dalby nr 1, numera även benämnd Dalby 1:1. Ägorna koordinatbestäms. Marken delas upp i två huvudgrupper Inrösningsjord och Avrösningsjord, dvs. odlingsbar jord respektive ej odlingsvärd jord. I gruppen Avrösningsjord ingår skog och annat såsom betesmark, backar, vägar, vägrenar, hustomt, ladugårdstomt, avloppsgrav etc. Här kan vi skilja på Odlingsbar jord, skog och övrig ej odlingsvärt.
Dalby 1:1 har nu 12 Ha 13 Ar och 40 m2 odlingsbar jord, 29 Ha 74 Ar skog och 1 Ha 32 Ar 60 m2 övrigt ej odlingsvärt.
Smedstorp 1:1 har 19 Ha 6 Ar 40 m2 odlingsbar jord, 11 Ha 27 Ar 0 m2 skog och 2 Ha 11 Ar 0 m2 övrigt ej odlingsvärt.
Sedan skrivs i uppmätningsprotokollet "till Smedstorp hävdas därjämte den till lägenheten Uppland 1:4 hörande ägofiguren". För den anges 14 Ar 60 m2 odlingsbar jord. Alltså det var oklart om det hörde till Smedstorp.
Summa för Dalby 1:1 och Smedstorp 1:1, men exklusive det som var oklart, så blev det:
Tomt odlingsbart 59 Ar (troligen trädgård). Åker 30 Ha 60 Ar 80 m2. Skog 41 Ha 1 Ar 0 m2. Annat ej odlingsbart 3 Ha 1 Ar 0 m2.

Ett par år innan Ebba Regina flyttar till Smedstorp, så säljer hon sin fjärdedel av Smedstorp med Dalby, till sin halvbror Erik Andersson (Wretstam) och hans hustru Märta. Sker med köpekontrakt 1934-12-01 och lagfart 1935-01-30. Den fjärdedelen till priset, 6 000 kronor. Vid denna tid ägde även Erik en fjärdedel och mor Stina Lotta hälften.

Men ganska snart 1935-11-29 flyttar familjen Erik Andersson till Vreta gård i Vadsbro, varefter han tar sig namnet Wretstam. Han säljer hela Smedstorp 1:1 med Lindby 1:1 till sin systerson Martin Johansson. Köpebrev 1936-03-14 och lagfart 1936-04-29. Nu är priset 36 000 kronor. Då måste Erik ha förvärvat sin mors del för att kunna sälja helheten Smedstorp med Lindby. Nu har Martin övertagit inteckning på 15 000 kronor från Erik Andersson på Smedstorp med Lindby.

Snart ändras ägandet igen, för sedan kan man se att Martin Johansson säljer fastigheterna till sin mor Ebba Regina Johansson med lagfart 1940-08-29. Pris 36 000 kronor. Då alltså med ett tidigare köpekontrakt. Martin har nämligen gift sig med Elsa Karlsson, Törsta Jönåker 1939-03-18. Martin tar över Törsta och flyttar dit till hustru 1939-04-06.
Ebba Regina äger nu Smedstorp tills det att hennes dotter Lotty med maken Gerhard Österberg köper gården. Dock kommer hon att utarrendera gården. Se nedan.
För att se vilka som bor här nu den här tiden och med stöd av husförhörslängder och folkräkningar så framkommer följande. Här inklusive några kommentarer.

Folkräkningen 1900
Albert Anderson, f. 1847 i Lerbo, ägare (far/man)
Charl. Kristina Andersd:r, f. 1851 i Bj.vik (mor/fru)
Edit Charl. Södergren, f. 1876 i Bj.vik (hennes dotter i första giftet)
Ebba Regina, f. 1880 i Bj.vik (hennes dotter i första giftet)
Erik Gust. Albert, f. 1889 i Lerbo (gemensam son)
Allgot Fredrikson, f. 1884 i Bj.vik, dr.
Claes Harald Fritz, f. 1880 i Bj.vik, dr.
Helena Maria Valborg Erikson, f. 1882 i Lerbo, piga
Anders Jonson, f. 1822 i Bj.vik, f. äg. Undantagsh. (änkling, Charlotta Kristinas far)

Folkräkningen 1910

Albert Andersson, f. 1847 i Lerbo (D), Hemmansägare Jordbrukare (far/man)
Charlotta Kristina Andersson, f. 1851 i Björkvik (D) (mor/fru)
Erik Gustaf Albert Andersson, f. 1889 i Lerbo (D), Jordbruksarbetare (son)
Gertrud Aurora, f. 1894 i Björkvik (D) (fosterdotter)
Amanda Sofia Pettersson, f. 1889 i Lunda Södermanlands län, Piga
Anna Hidegard Asplund, f. 1895 i Björkvik Södermanlands län, Piga
Hjalmar Ferdinand Ljung, f. 1889 i Björkvik Södermanlands län, Dräng Jordbruksarbetare
Karl Hugo Jansson, f. 1891 i Nyköpings västra Södermanlands län, Dräng Jordbruksarbetare

Perioden och husförhörslängd 1925-1930

Albert Andersson (född1847, dör1934) står som ägare.
Sonen Erik Andersson (senare Wretstam) står som arrendator.

Folkräkningen 1930

Albert Andersson, hemmansägare, f. 1847 i Lerbo (D), vigselår 1887
hustru Charlotta Kristina f. Andersson, f. 1851 i Björkvik (D)
Erik Gustaf Albert Andersson, arrendator kommunalordf., f. 1889 i Lerbo (D), vigselår 1920
h. Märta Ingeborg f. Andersson, f.1897 i Nykyrka (D)
dotter Eivor Kristina, f. 1921 i Björkvik
d. Gunvor Margareta, f.1928 i Björkvik
d. Ingeborg Birgitta, f.1924 i Björkvik
Karl Fredrik Andersson, dräng chaufför, f.1881 i Björkvik
Torsten Daniel Mattsson, ladugårdskarl, f. 1883 i Vadsbro (D)
Oskar Edvin Malmkvist, kördräng, f. 1895 i Björkvik
Hulda Julia Andersson, tjänarinna, f. 1901 i Skedevi (E)
Axel Ivan Nordkvist, dräng, f. 1914 i Björkvik

Perioden och husförhörslängd 1930-1935 med kommentar.

Albert Andersson född 1847, står som ägare. Dör 1934-06-08
Sonen Erik Andersson (senare Wretstam) står som arrendator, men det stryks över, till att vara ägare.
Erik Andersson (senare Wretstam) flyttar med familjen och nu med fyra döttrar, till Vreta Vadsbro
1935-11-29. Sista dottern Kerstin Helena född 1931-10-02.
Ebba Reginas son Martin Johansson flyttar från Tystberga till Smedstorp 1935-12-10.

Perioden och husförhörslängd 1935-1940 med kommentar

Martin Johansson inflyttar till Smedstorp från Tystberga 1935-12-10. Gifter sig med Elsa Karlsson,
Törsta Jönåker 1939-03-18. Martin tar över Törsta och flyttar dit till hustru 1939-04-06, då han nu
står som ägare till Smedstorp.
Lotty går på Benninge Lanthushållsskola, Strängnäs år 1925. Lotty åker till Stockholm, Johanna
Brunssons Vävskola och 1929 – 1930 utbildar hon sig vävlärarinna. Sedan från 1 september 1930 till 1
oktober 1931, deltar hon i vävningen av den "Lindquistiska tapeten" till Stockholms stadsbibliotek
enl. foto nedan. (Hänger där fortfarande) Från mitten av 1932 är Lotty vävlärarinna vid Vävskolan
Skovshus i Sönderborg Danmark med avskedsfest 1 juli 1936, med ett avbrott en sommarmånad i
Lybeck år 1935. 1938-10-10 flyttar Lotty från Smedstorp och arbetar på Västra Marks Sjukhus i
Örebro, fram till 1941-05-31. Sedan är hon vid Jönköpings Vilhelmsro en tid, som vävlärarinna. Linnea
for till Stockholm och blev sjuksköterska. Dottern Linnea flyttar också från Smedstorp 1938. Det
anges till Centrallasarettet. Mest troligt i Nyköping. Hon blir så småningom barnsjuksköterska.

Tre platser för där Lotty vistades. Benninge, Strängnäs. Askovshus Danmark, som innan hon kom dit var en kuranstalt. Nederst Västra Marks Sjukhus Örebro.

1930- 05-12 säljer Albert och Stina Lotta mmm med avstyckning Hagby med 5635 m2 från Dalby 1:1, eller på annat sätt uttryckt, 1/3 mantal Dalby nr 1. Köpare är Bernt och Tyra Larsson och för en köpeskilling 2 500 kronor. Kontant betalas 1 500 kronor och med skuldebrev på 1 000 kronor. Tillträde omedelbart.

Det finns ett taxeringsbevis för år 1934 och som är daterat 1935-02-14, som anger Albert Andersson som skattskyldig för Smedstorp ¼ mantal och Lindby eller Dahlby (båda namnen giltiga) 1 1/3 mantal. Taxeringsvärde 36 000 kronor. Så innan han dör så står han som ägare.

Första bilen vid Smedstorp. D25. Erik Andersson, ägare, sittande vid ratten. I framsätet hans hustru Märta och i baksätet han far och mor Albert och Ebba Regina Andersson. Sent 20-tal.

Stina Lottas och Albert Anderssons grav i Björkvik.

Albert Andersson dör 1934-06-08 i Smedstorp.
Sonen Erik Andersson (senare Wretstam) står som arrendator i husförhörslängd 1930-1935, men det stryks över, till att vara ägare.
Erik Andersson (senare Wretstam) flyttar med familjen och nu med fyra döttrar, till Vreta Vadsbro 1935-11-29.

Man kan i ett taxeringsbevis från 1936 se att Ebba Reginas son Martin Johansson är den skattskyldige för ¼ mantal Smedstorp och 1/3 mantal Lindby. Taxeringsvärde 36 000 kronor varav jordbruk för 28 400 kronor. Resten för skog. Martin tecknar också ett hyreskontrakt med Gunnar Thanner, daterat 1937-11-06. Det på 15 år från 1938-01-01. Avser "nuvarande brädgårdsområdet på andra sidan Lyshällans såg". Hyra 50 kr/år.

1936 -12-01 dör änkefru Charlotta Kristina Andersson mmm (Stina Lotta) och det upprättas en bouppteckning 1937-01-14. Här finns tillgångar genom reverser, bankmedel och lite inventarier, dock ingen fastighet och inga möbler. Tillgångar redovisas till 33 357:57 kronor. I arvskifte från 1937-07-16, så redovisas tillgångarna till 32 983:27 kronor och halvsyskonen Ebba Regina och Erik får hälften var. Erik har redan förvärvat Stina Lottas del i fastigheten enligt ovan. Stina Lotta var förhållandevis förmögen efter sin mans död. Och som nämnts har hon flyttat hit april 1934.

1939 -05-30, enligt dokument, så görs en övertagandesyn där en man Sven Allebert är tillträdare och Ebba Regina är avträdare. Allebert, född 1897-04-28, står som arrendator i husförhörslängden och flyttar hit 1939-04-28 med familjen, hustru och två söner från Vadsbro. 1940 finns familjen Allebert som boende på Smedstorp. Tillträde har av Sven Allebert skett 1939-03-14. Arrendet ska gälla i 10 år till 1944-03-14. Ebba Regina står i dokumentet som jordägare och biträds i synen av sin son Martin Johansson.
I samma dokument, som ovan angivet, dvs. övertagandesyn från 1939, så tillskrivs 1944-05-06, att synen från 1939 ska gälla och nu med Rickard Svensson, som då är villig att ta över gården, som arrendator. Både R Svensson och Allebert har undertecknat här. Ebba Regina godkänner också nu överlåtelsen. Vidare så betalar nu Svensson till Allebert 1000 kronor.

Smedstorp säljs sedan till Ebba Reginas dotter Lotty m med make Gerhard Österberg f. Ett köpekontrakt finns som är daterat 1948-07-20 med tillträde 1949-03-14. Köpesumman var 60 000 kronor. Allt betalt vid tillträdesdagen. Köpebrev 1949-07-14 och lagfart 1949-10-05. Se ovan under Stora Munkebo. Då avslutade Rikard Svensson arrendet av gården.

Lotty m.fl. väver den stora "Lindquistiska tapeten", som finns i läsesalen Stockholms stadsbibliotek. Lotty närmast. Lottys signatur "L J" är invävd. 1930- 1931.

Från 1949 och under knappt 20 år drivs Smedstorp av Gerhard och Lotty. 1957 och 1960 görs en genomgripande renovering av bostadshuset. Man får badrum och slipper utedass. Man får centralvärme. Det blir inte så kallt på vintermorgnarna.

1955 -05-04 görs ytterligare en mindre avstyckning av Dalby (Lindby) med "en lott om 3332 m2."

Mormor Ebba Regina med barnbarnen Gunilla f 1945-07-12 och Christina f 1946-12-30, båda födda i Stora Munkebo.

1959 -03-24 dör Ebba Regina mm i Smedstorp, Björkvik. Enligt deklaration och bouppteckning 1959-03-24, så har hon ca 100 000 kronor, att som arv fördela. Det mesta på bank och fordringar. De tre barnen, Lotty, Martin och Linnéa får 1/3 vardera.

Manfreds och Ebba Reginas grav i Björkvik.

1964 har Gerhard och Lotty bestämt sig för att sälja Smedstorp. Det upprättas en beskrivning på fastigheten Smedstorp 1:1. Bland annat kan man se att fastigheten nu är på 152 tunnland (tld), varav 62 tld åkerjord och 82 tld. skog. Mangårdsbyggnad renoverad 1957 och 1960. Beskrivs rumsindelning och att man har badrum och wc både uppe och nere, samt centralvärme från köksspanna. Flyglarna beskrivs också och att Ebbastugan är uthyrd för 75 Kr/mån. Vidare kan man se att ladugård, stall och loge är ombyggd 1928. Taxeringsvärde 111 400 kronor och brandförsäkrat för 350 000 kronor. Smedstorp har inteckningar på 62 000 kronor varav 25 000 kronor är obelånat. Vidare sägs att om tillträde kan ske 1964- 03-14, så har man åsatt ett pris för fastigheten på 258 000 kronor.

1965 -02-16, enligt köpekontrakt säljs Smedstorp av Gerhard och Lotty Österberg till Åke Karlsson från Östra Torsebro Björkvik, för 225 000 kronor. 25 500 kronor som handpenning och med övertagande av skuldebrev som belånats med 37 000 kronor. Resterande vid tillträdet eller senare och i så fall med 6,5 % ränta. Resterande belopp 165 500 kronor betalades 1965-06-11. Köpebrev 1965-06-11 och lagfart 1965-07-21. Nu benämns Smedstorp som, "Smedstorp 1:1 och Dalby 1:1" Tillträde är 1965-03-14. Österbergs håller nu auktion på levande och döda inventarier. Behållningen vid auktionen blev ca 70 000 kronor. Gerhard och Lotty har rätten att bo kvar till 1965-10-01. Det framgår att köparen ska vara medveten om att egendomen är utarrenderad till G. Larsson och S. I. Larsson och att arrendekontrakt ska respekteras. Vid den här tiden var man tvingad att sälja till någon som brukar gården som jordbruk. Åke kom att på Smedstorp anlägga en svinfarm. Han bor på gården när detta skrivs och efter givande möte januari 2018, med Åke, och efter genomgång av hans äldre dokument har denna sammanställning kunnat kompletteras.

Gerhard och Lotty flyttar nu, 1965, till Katrineholm. Man köper en mindre hyresfastighet, som man själva bor i. Adress Odins väg 13. Dotter Christina är nu utflugen och blir postkassörska och gifter sig med Lennart Gustafsson. Gunilla bor en tid med sina föräldrar och tar studentexamen i Katrineholm 1966. Sedan utbildar hon sig till farmacevt i Stockholm. Flyttar då ihop med Leif Gunnahr i Stockholm.

Gunilla är gift sedan 1969-08-16, med Leif Gunnahr 1945-04-30 från Södra Grundfors, Skellefteå. Bosatta i Tumba. Leif och Gunilla har dottern Åsa Gunnahr 1977-06-28 från Tumba, gift med Erik Selldin från Norrköping och har barnen Love Selldin 2010-05-06 och Klara Selldin född 2012-02-16. Den senare familjen är bosatt i Älta, Nacka.

Ebbastugan vid Smedstorp ca år 1930.
Fr v. Stina Lotta mmm, hennes andre make Albert Andersson, sittande t.h på trappen deras son Erik Andersson (senare Wretstam) och stående, hans hustru Märta, samt hunden Karo.
Erik var år 1930 kommunalnämndsordförande. Tidsperiod för uppdraget är okänt. Dock ej senare än till 1935, när han med familj flyttar till Vreta, Vadsbro.

Smedstorp 2016. Den fortfarande, så kallade Ebbastugan till höger, benämnd efter Gunillas mormor, Ebba Regina. För ett par år sen hade nuvarande ägare en katt med namnet Ebba!

Kartor från 1867.

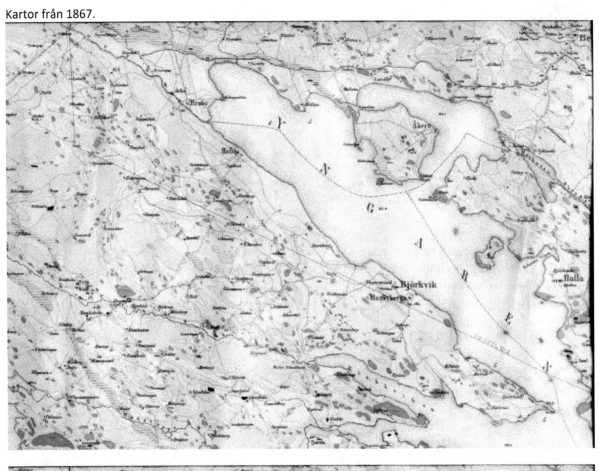

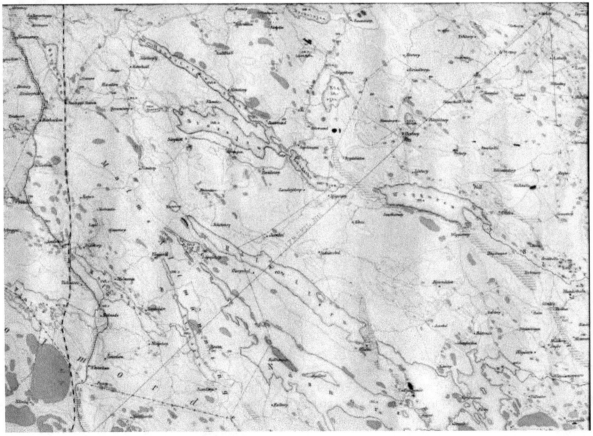

Generalstabskarta från 1950

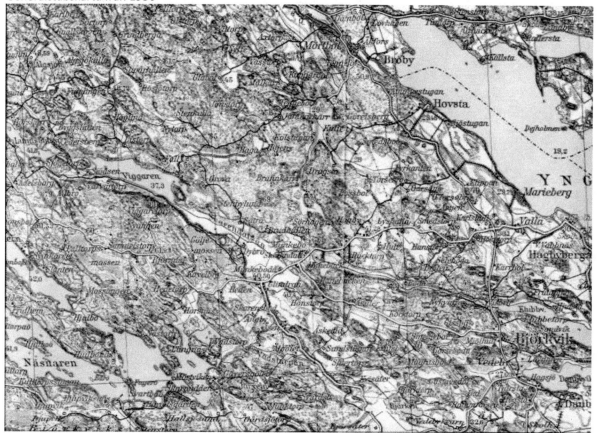

Karta, odaterad. Smedtorp med Dalby (Lindby) med vissa platser nämnda i text.

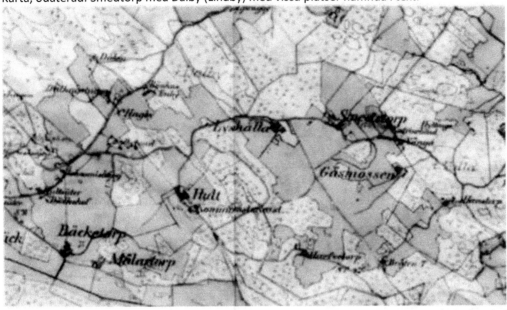

ÄGANDE AV STORA MUNKEBO.
Tider när ägandet innehas av Gunilla Gunnahrs släkt.
Anges i helår, och under år 1925 skiftar ägandet några gånger.

1871-1920. Clas Österberg fff och Maja Lena Andersdotter ffm.

1920-1923. Sterbhuset med änkan Maja Lena Andersdotter ffm och nu de fem barnen, Gustaf Edvard Österberg f, Karl Otto Österberg, Knut Gerhard Österberg, Anna Sofia Rundkvist, Hulda Maria Hermansson.

1924-1925. Sterbhuset med de fem ovanstående barnen.

1925   . Charlotta Christina Österberg fm, med barnen syskonen Herman Österberg , Gerhard Österberg f, och omyndiga Sonja Österberg.

1925-1949. Sterbhuset Herman Österberg, Gerhard Österberg f, Sonja, som gifter sig Paulin.

ÄGANDE AV SMEDSTORP.
Tider när ägandet innehas av Gunilla Gunnahrs släkt.
Anges i helår, och under år 1934 skiftar ägandet några gånger.

1830-1865. Erik Persson mmmmf, som åbo på Smedstorp under Hofsta.

1865-1871. Johan Erik Ersson mmmmf:s son, som åbo på Smedstorp under Hofsta

1871-1891. Anders Jonsson och Eva Lotta Ersdotter mmmm, förvärvat Smedstorp och Lindby från Hofsta.

1891-1892. Anders Jonsson mmf ½ , sonen Anders Gustav ¼ och dottern Charlotta Christina mmm ¼.

1892-1934. Albert och Charlotta Christina Andersson mmm.

1934.   . Charlotta Christina mmm ½, dottern Ebba Regina Andersson mm ¼ och sonen Erik Andersson ¼. (Erik är halvbror till Ebba Regina)

1934.   . Erik Andersson ½, Charlotta Christina mmm ½.

1934-1936. Erik Andersson hela egendomen.

1936-1939. Martin Johansson, Gunillas morbror, hela egendomen.

1939-1949. Ebba Regina Johansson mm, hela egendomen.

1949- 1965 Gerhard Österberg f och Lotty Österberg född Johansson m, hela egendomen.

Epilog

Från två håll, Stora Munkebo och från Smedstorp möttes Gunillas föräldrar, Gerhard Österberg och Lotty född Johansson.

Konstaterat är, att Gunillas släkt på mors sida har bott och verkat vid Smedstorp från 1830 till och med 1965. Dessutom att Gunillas släkt både på fars och mors sida under 1800-talet växelvis bott och verkat vid Målkärr.

Om man ska lyfta fram två personer som lyckades väl på karriärstegen, att köpa och utveckla sina gårdar, så måste den ene bli Anders Jonsson från Hjulbo som slutade sina dagar med Smedstorp och del av gamla säterihemmandet Lindby, numera Dalby. Den andre är då Clas Österberg som föddes vid Hönebäck och slutade sina dagar vid Stora Munkebo.

Släkterna har haft inflytande på Björkviks utveckling genom många förtroendeuppdrag, såsom förmyndarskap, bouppteckningar, arvskiften och lokala styrelseuppdrag. Under 1900-talet har Gunillas släkt haft två kommunalnämndsordföranden. Farfar Gustaf Österberg Stora Munkebo, 1919 fram till sin död 1924, och mormors halvbror Erik Andersson (senare Wretstam) Smedstorp ca åren 1930 till 1935.

Släkten har rört sig över många torp och gårdar. Nämner bara några, för andra blir väl av mig glömda. Hult, Ängby, Sten, Kohlstugan, Målkärr, Björnskogen, Stora Munkebo, Norra Munkebo, Smedstorp, Sofiero, Smedjebol, Fall, Tängtorp, Munkedal, Ödesäng, Bossbol, Hjulbo.

Tumba november och december 2017 t.o.m. maj 2020.

Leif Gunnahr

BILAGOR

BILAGA HUSFÖRHÖRSLÄNGDER OCH FOLKRÄKNINGAR

Stora Munkebo i Björkviks socken ½ mantal frälse

Husförhörslängd 1871-76 Björkvik (D) AI:20b (1871-1876) Bild 221 / sid 214
Arrend. Clas Gustaf Österberg; född 32 18/12 i Björkvik; gift 64 19/11; från Målkärr 71
H. Maja Lena Andersdotter; 37 18/2 i Björkvik; gift 64 19/11
D. Lovisa Matilda; 65 7/8; Björkvik
S. Gustaf Edward; 67 7/4, Björkvik
D. Anna Sofia; 69 5/5, Björkvik
S. Carl Otto; 71 9/10, Björkvik
S. Knut Gerhard; 74 24/9, Björkvik

Husförhörslängd 1876-81 Björkvik (D) AI:21b (1876-1881) Bild 217 / sid 210
Eger Clas Gustaf Österberg; född 32 18/12 i Björkvik; gift 64 19/11; från Målkärr 71
H. Maja Lena Andersdotter; 37 18/2 i Björkvik; gift 64 19/11
D. Lovisa Matilda; 65 7/8; Björkvik
S. Gustaf Edward; 67 7/4, Björkvik
D. Anna Sofia; 69 5/5, Björkvik
S. Carl Otto; 71 9/10, Björkvik
S. Knut Gerhard; 74 24/9, Björkvik
D. Hulda Maria; 76 25/9, Björkvik

Husförhörslängd 1881-86 Björkvik (D) AI:22b (1881-1886) Bild 236 / sid 229
Eger Klas Gustaf Österberg; född 32 18/12 i Björkvik; gift 64 19/11; från Målkärr 71
H. Maja Lena Andersdotter; 37 18/2 i Björkvik; gift 64 19/11
D. Lovisa Matilda; 65 7/8; Björkvik; Död 17/7 81 [Maginflammation]
S. Gustaf Edward; 67 7/4, Björkvik
D. Anna Sofia; 69 5/5, Björkvik
S. Carl Otto; 71 9/10, Björkvik
S. Knut Gerhard; 74 24/9, Björkvik
D. Hulda Maria; 76 25/9, Björkvik

Husförhörslängd 1886-91 Björkvik (D) AI:23b (1886-1891) Bild 254 / sid 543
Österberg, Claes Gust., Egare; född 32 18/12 i Björkvik; gift 64 19/11; från Målkärr
Andersdr, Maja Lena, hu; 37 18/2 i Björkvik; gift 64 19/11
Barn:
Gustaf Edward; 67 7/4, Björkvik
Anna Sofia; 69 5/5, Björkvik
Carl Otto; 71 9/10, Björkvik
Knut Gerhard; 74 24/9, Björkvik
Hulda Maria; 76 25/9, Björkvik

Husförhörslängd 1891-95 Björkvik (D) AI:24b (1891-1895) Bild 240 / sid 533
Österberg, Claes Gust., Egare; född 32 18/12 i Björkvik; gift 64 19/11; från Målkärr
Andersdr, Maja Lena, hu; 37 18/2 i Björkvik; gift 64 19/11
Barn:
Gustaf Edward; 67 7/4, Björkvik
Anna Sofia; 69 5/5, Björkvik
Carl Otto; 71 9/10, Björkvik
Knut Gerhard; 74 24/9, Björkvik
Hulda Maria; 76 25/9, Björkvik

Husförhörslängd 1895-99 Björkvik (D) AI:25b (1895-1900) Bild 260 / sid 249
Österberg, Claes Gustaf, Ägare; född 32 18/12 i Björkvik; gift 64 19/11; från Målkärr
Andersdr, Maja Lena, hu; 37 18/2 i Björkvik; gift 64 19/11
Barn:
Gustaf Edward; 67 7/4, Björkvik
Anna Sofia; 69 5/5, Björkvik
Carl Otto; 71 9/10, Björkvik [till Halland 1897 återvänder 1899]
Knut Gerhard; 74 24/9, Björkvik
Hulda Maria; 76 25/9, Björkvik

Församlingsbok 1900-05 Björkvik (D) AIIa:2 (1900-1905) Bild 2420 / sid 542
Österberg, Claes Gustaf, Ägare; född 32 18/12 i Björkvik; gift 64 19/11
Andersdr, Maja Lena, hu; 37 18/2 i Björkvik; gift 64 19/11
Barn:
Gustaf Edward; 67 7/4, Björkvik; Betyg för äkt. i Hedvig Eleonora d. 23/3 1900 vigd 20/5, se nedan
Anna Sofia; 69 5/5, Björkvik
Carl Otto; 71 9/10, Björkvik; till Lista 1903
Knut Gerhard; 74 24/9, Björkvik; till Munkedal 1902
Hulda Maria; 76 25/9, Björkvik
Österberg, Gustaf Edward, arrendator; 67 7/4, Björkvik; gift 1900 20/5
Gustafsson, Johanna Charl. hu; 67 22/9, Forssa Nyköpings län
S. Gustaf Herman; 01 9/6, Björkvik
S. Carl Gerhard; 03 29/11, Björkvik

Församlingsbok 1905-10 Björkvik (D) AIIa:4 (1905-1910) Bild 2610 / sid 596
Österberg, Claes Gustaf, Ägare; född 32 18/12 i Björkvik; gift 64 19/11
Andersdr, Maja Lena, hu; 37 18/2 i Björkvik; gift 64 19/11
Barn:
Anna Sofia; 69 5/5, Björkvik
Hulda Maria; 76 25/9, Björkvik; Lysn.b. 2/1907; till Björksta 07 6/11
S. Österberg, Gustaf Edward, arrendator; 67 7/4, Björkvik; gift 1900 20/5
Gustafsson, Johanna Charl. hu; 67 22/9, Forssa Nyköpings län
Barn: Gustaf Herman; 01 9/6, Björkvik
Carl Gerhard; 03 29/11, Björkvik
D. Sonja Margareta; 08 6/1, Björkvik

Församlingsbok 1935-40 Björkvik (D) AIIa:16 (1935-1940) Bild 2620 / sid 592
Äg. Sterbhuset
Österberg, Johanna Charlotta f. Gustavsson; 67 28/9, Forssa; Änka 24 4/11
S. Karl Gerhard, Arrendator; 03 29/11, Björkvik

D. Sonja Margareta, hushållerska; 08 6/1, Björkvik
Boende på <u>Smedstorp</u> i Björkviks socken, Södermanland

Folkräkningen 1880
Anders Jonsson, f. 1822 i Björkvik Södermanlands län, Ägare
Eva Lotta Ersdotter, f. 1826 i Björkvik Södermanlands län
Claes August Södergren, f. 1841 i Lerbo Södermanlands län, Arrendator (måg, far/man)
Stina Lotta Andersdotter, f. 1851 i Björkvik Södermanlands län (mor/fru, dotter till Anders och Eva Lotta)
Edith Charlotta, f. 1876 i Björkvik Södermanlands län (dotter)
Ebba Regina, f. 1880 i Björkvik Södermanlands län (dotter)
Adolf Fredrik Gustafsson, f. 1856 i Björkvik Södermanlands län, Dräng
Gustaf Adolf Ram, f. 1864 i Björkvik Södermanlands län, Dräng
Josefina Andersdotter, f. 1866 i Björkvik Södermanlands län, Piga
Joh. Alfred Olsson, f. 1846 i Göteborg Göteborgs- och Bohuslän, Målare Hyresgäst
Greta Ersdotter, f. 1822 i Björkvik Södermanlands län, Inhyses (änka)

Folkräkningen 1890
Anders Jonson, f. 1822 i Björkviks, Hem:segare (änkling)
Albert Anderson, f. 1847 i Lerbo, Arrendator (far/man)
Charlotta Christ. Andersd:r, f. 1851 i Björkviks (mor/fru)
Edith Charlotta, f. 1876 i Björkviks (hennes dotter i första giftet)
Ebba Regina, f. 1880 i Björkviks (hennes dotter i första giftet)
Erik Gustaf Albert, f. 1889 i Lerbo (gemensam son)

Claes Oskar Carlson, f. 1873 i Björkviks, dräng
Johan Oskar Anderson, f. 1863 i Bettna, dräng
Edla Christina Gustafson, f. 1870 i Lerbo, piga
Anna Sofia Jonson, f. 1825 i Lunda, Inhyses

Folkräkningen 1900
Albert Anderson, f. 1847 i Lerbo, ägare (far/man)
Charl. Kristina Andersd:r, f. 1851 i Bj.vik (mor/fru)
Edit Charl. Södergren, f. 1876 i Bj.vik (hennes dotter i första giftet)
Ebba Regina, f. 1880 i Bj.vik (hennes dotter i första giftet)
Erik Gust. Albert, f. 1889 i Lerbo (gemensam son)
Allgot Fredrikson, f. 1884 i Bj.vik, dr.
Claes Harald Fritz, f. 1880 i Bj.vik, dr.
Helena Maria Valborg Erikson, f. 1882 i Lerbo, piga
Anders Jonson, f. 1822 i Bj.vik, f. äg. Undantagsh. (änkling, Charlotta Kristinas far)

Folkräkningen 1910
Albert Andersson, f. 1847 i Lerbo (D), Hemmansägare Jordbrukare (far/man)
Charlotta Kristina Andersson, f. 1851 i Björkvik (D) (mor/fru)
Erik Gustaf Albert Andersson, f. 1889 i Lerbo (D), Jordbruksarbetare (son)
Gertrud Aurora, f. 1894 i Björkvik (D) (fosterdotter)
Amanda Sofia Pettersson, f. 1889 i Lunda Södermanlands län, Piga
Anna Hidegard Asplund, f. 1895 i Björkvik Södermanlands län, Piga
Hjalmar Ferdinand Ljung, f. 1889 i Björkvik Södermanlands län, Dräng Jordbruksarbetare
Karl Hugo Jansson, f. 1891 i Nyköpings västra Södermanlands län, Dräng Jordbruksarbetare

Folkräkningen 1930
Albert Andersson, hemmansägare, f. 1847 i Lerbo (D), vigselår 1887
hustru Charlotta Kristina f. Andersson, f. 1851 i Björkvik (D)
Erik Gustaf Albert Andersson, arrendator kommunalordf., f. 1889 i Lerbo (D), vigselår 1920
h. Märta Ingeborg f. Andersson, f.1897 i Nykyrka (D)
dotter Eivor Kristina, f. 1921 i Björkvik
d. Gunvor Margareta, f.1928 i Björkvik
d. Ingeborg Birgitta, f.1924 i Björkvik
Karl Fredrik Andersson, dräng chaufför, f.1881 i Björkvik
Torsten Daniel Mattsson, ladugårdskarl, f. 1883 i Vadsbro (D)
Oskar Edvin Malmkvist, kördräng, f. 1895 i Björkvik
Hulda Julia Andersson, tjänarinna, f. 1901 i Skedevi (E)
Axel Ivan Nordkvist, dräng, f. 1914 i Björkvik

Kommentarer av Karin Selldin, som hjälpt till med sökningar i digitala arkiv :
Utdragen från folkräkningarna har jag hämtat från Riksarkivets hemsida www.svar.ra.se. Åren 1880,
1890, 1900 och 1910 är digitaliserade och sökbara. Jag sökte på Smedstorp i Björkviks socken.
Gården var på ¼ mantal frälse.
I födelseboken står namnet Charlotta Christina - född den 31 mars 1851 - men i folkräkningarna
stavas det lite olika. Vid ett tillfälle har det t.o.m. blivit Stina Lotta.

Födelsebok i Björkvik
Björkvik (D) C:4 (1758-1805) Bild 253 / sid 248
1802
Tängtorp; Petter Simonssons och Hustru Catharina Ersdoters (30) Dotter Stina, född d. 27 döpt d. 31
October.

Björkvik (D) C:5 (1806-1841) Bild 186 / sid 182
1833
Smedstorp; Åbo Eric Pehrssons och dess Hustru Stina Pehrsdotters Son Johan Eric föddes den 13
Februarii och döptes den 17 Ejusdem. (samma dag)

Hushörhörslängd i Björkvik
Björkvik (D) AI:12b (1829-1834) Bild 203 / sid 197
Smedstorp frälse ¼ mantal
Åbo Eric Pehrsson; född 1796 30/9 i St Malm; 1830 från Kohlstugan
Hustru Stina Pehrsdotter; född 1802 27/10 i Björkvik; do
Dotter Greta Stina; född 1822 6/6 i Björkvik; do
Dotter Anna Sophia; född 1824 14/4 i Björkvik; do
Dotter Eva Lotta; född 1826 24/12 i Björkvik; do
Dotter Johanna Maria; född 1829 19/9 i Björkvik; do
Son Johan Eric; född 1833 13/2 i Björkvik

Björkvik (D) AI:13a (1834-1839) Bild 2030 / sid 197
Smedstorp frälse ¼ mantal
Åbo Eric Pehrsson; född 1796 30/9 i St Malm; 1830 från Kohlstugan
Hustru Stina Pehrsdotter; född 1802 27/10 i Björkvik; do
Dotter Greta Stina; född 1822 6/6 i Björkvik; do
Dotter Anna Sophia; född 1824 14/4 i Björkvik; do
Dotter Eva Lotta; född 1826 24/12 i Björkvik; do
Dotter Johanna Maria; född 1829 19/9 i Björkvik; do
Son Johan Eric; född 1833 13/2 i Björkvik
Son Carl Fredric; född 1836 22/6 i Björkvik

Björkvik (D) AI:14a (1839-1845) Bild 206 / sid 199
Smedstorp frälse ¼ mantal
Åbo Eric Pehrsson; född 1796 30/9 i St Malm; 1830 från Kohlstugan
Hustru Stina Pehrsdotter; född 1802 27/10 i Björkvik; do
Dotter Greta Stina; född 1822 6/6 i Björkvik; do; 1839 till St Malm [struken se nedan]
Dotter Anna Sophia; född 1824 14/4 i Björkvik; do; 1842 till Marieberg [struken]
Dotter Eva Lotta; född 1826 24/12 i Björkvik; do; 1844 till Ödesäng [struken]
Dotter Johanna Maria; född 1829 19/9 i Björkvik; do
Son Johan Eric; född 1833 13/2 i Björkvik
Son Carl Fredric; född 1836 22/6 i Björkvik
Dotter Hustru Greta Stina Ersdotter; född 1822 6/6 i Björkvik; 1840 från St Malm
Son Johan Fredric; född 1841 8/1 i Björkvik; död 9/11 1843 [struken]
Dotter Augusta Matilda; född 1843 16/11 i Björkvik
Dräng Måg Carl Gustaf Carlsson; född 1815 20/9 i Björkvik; 1839 från Ängen

Björkvik (D) AI:15a (1845-1850) Bild 213 / sid 203
Smedstorp frälse ¼ mantal
Åbo Erik Pehrsson; född 1796 30/9 i St Malm; 1830 från Kolstugan
Hustru Stina Pehrsdotter; född 1802 27/10 i Björkvik; do
Dotter Johanna Maria; född 1829 19/9 i Björkvik; do
Son Johan Erik; född 1833 13/2 i Björkvik
Son Carl Fredrik; född 1836 22/6 i Björkvik
Måg Carl Gustaf Carlsson; född 1815 20/9 i Björkvik; 1839 från Ängen; 1845 till Jossbol
Hustru Greta Stina Ersdotter; född 1822 6/6 i Björkvik; 1840 från St Malm; do, do
Dotter Augusta Matilda; född 1843 16/11 i Björkvik; do, do

Björkvik (D) AI:16a (1851-1855) Bild 236 / sid 224
Smedstorp frälse ¼ mantal
Åbo Erik Pehrsson; född 1796 30/9 i St Malm; 1830 från Kolstugan
Hustru Stina Pehrsdotter; född 1802 27/10 i Björkvik; do
Dotter Johanna Maria; född 1829 19/9 i Björkvik; do; 1851 till Jossbol [struken]
Son Johan Erik; född 1833 13/2 i Björkvik
Son Carl Fredrik; född 1836 22/6 i Björkvik

Björkvik (D) AI:17a (1856-1860) Bild 240 / sid 229
Smedstorp frälse ¼ mantal
Åbo Enkl. Erik Pehrsson; född 1796 30/9 i St Malm; 1830 från Kolstugan
Hustru Stina Pehrsdotter; född 1802 27/10 i Björkvik; do; död 7/4 1860 [struken]
Son Johan Erik; född 1833 13/2 i Björkvik
Son Carl Fredrik; född 1836 22/6 i Björkvik
H. Stina Lotta Carlsdotter; född 1833 7/1 i Kila
S. Carl Johan; född 1858 7/11; Björkvik
Inh. Enkan Greta Stina Ersdotter; född 1822 6/6 i Björkvik; 1855 från Sandstugan
D. Augusta Matilda Carlsdotter; född 1843 8/11 i Björkvik; do, do; 1860 till Sjöstugan [struken]
S. Carl Axel Carlsson; född 1846 25/4 i Björkvik; do, do
S. Clas Henning Carlsson; född 1848 4/7 i Björkvik; do, do
Kommentar: Ovanstående änka och inhyses är syster till Stina Lotta.

Björkvik (D) AI:18b (1861-1865) Bild 238 / sid 233
Smedstorp frälse ¼ mantal
Åbo Enkl. Erik Pehrsson; född 1796 30/9 i St Malm; 1830 från Kolstugan
Son Johan Erik; född 1833 13/2 i Björkvik; gift 1862 16/11
H. Greta Stina Modig; född 1840 5/1 i Björkvik; gift 1862 16/11; från Smedjebol 1862
S. Carl Johan; född 1865 1/5 i Björkvik

Son Carl Fredrik; född 1836 22/6 i Björkvik; till Djefversgölet 63 [hela familjen flyttar struken]
H. Stina Lotta Carlsdotter; född 1833 7/1 i Kila; 1858 från Wirån
S. Carl Johan; född 1858 7/11; Björkvik
D. Mathilda Charlotta; född 18614/8 i Björkvik

Inh. Enkan Greta Stina Ersdotter; född 1822 6/6 i Björkvik; 1855 från Sandstugan; har fattigdel
S. Carl Axel Carlsson; född 1846 25/4 i Björkvik; do, do; flyttar 1862 [struken]
S. Clas Henning Carlsson; född 1848 4/7 i Björkvik; do, do; till Smedjebol 1862 [struken]

Björkvik (D) AI:19b (1866-1870) Bild 254 / sid 248
Smedstorp frälse ¼ mantal
Åbo Johan Erik Ersson; född 1833 13/2 i Björkvik; gift 1862 16/11; Skattskrifves för 1871 vid Målkärr
H. Greta Stina Modig; född 1840 5/1 i Björkvik; gift 1862 16/11; från Smedjebol 1862
S. Carl Johan; född 1865 1/5 i Björkvik; död 66 11/12
D. Hedda Christina; född 67 26/12 i Björkvik
Fader f.d. Åbo Enkl. Erik Pehrsson; född 1796 30/9 i St Malm; 1830 från Kolstugan; skrifves vid Stora Munkebo för 1871
Inh. Enkan Greta Stina Ersdotter; född 1822 6/6 i Björkvik; 1855 från Sandstugan W; sinnessvag [dotter till Erik Pehrsson och syster till Johan Erik Ersson]

Björkvik (D) AI:20b (1871-1876) Bild 249 / sid 242
Smedstorp frälse ¼ mantal
Egare Anders Jonsson; 1822 10/10; Björkvik; från Ängby 72
H. Eva Lotta Ersdotter; 26 24/12; Björkvik
D. Charlotta Christina; 51 31/3; Björkvik; Lysning; Se nedan [struken]
S. Anders Gustaf; 53 22/1; Björkvik
Dr Clas August Södergren; 41 5/12; Lerbo; gift 24/6 75; från Bossbol 74
H. Charlotta Christina Andersdotter; 51 31/3; Björkvik; Se ofvan 75
Inh. Enkan Greta Stina Ersdotter; född 1822 6/6 i Björkvik; från Sandstugan W 55; sinnessvag [dotter till Erik Pehrsson och syster till Eva Lotta Ersdotter]

Björkvik (D) AI:21b (1876-1881) Bild 246 / sid 239
Smedstorp frälse ¼ mantal
Egare Anders Jonsson; 1822 10/10; Björkvik; från Ängby 72
H. Eva Lotta Ersdotter; 26 24/12; Björkvik
S. Anders Gustaf Andersson; 53 22/1; Björkvik; till Tegnefors [struken]
Måg Arr. Clas August Södergren; 41 5/12; Lerbo; gift 24/6 75; från Bossbol 74; Skrifves som
Arrendator fr. 14/3 1877
H. Charlotta Christina Andersdotter; 51 31/3; Björkvik; gift 24/6 75; från Ängby 72
D. Edith Charlotta; född 76 4/5 i Björkvik
D. Ebba Regina; född 80 8/6 i Björkvik
Inh. Enkan Greta Stina Ersdotter; född 1822 6/6 i Björkvik; från Sandstugan W 55; sinnessvag [dotter
till Erik Pehrsson och syster till Eva Lotta Ersdotter]

Björkvik (D) AI:22b (1881-1886) Bild 269 / sid 262
Egare Anders Jonsson; 1822 10/10; Björkvik; från Ängby 72
H. Eva Lotta Ersdotter; 26 24/12; Björkvik
Br. Måg Klas August Södergren; 41 5/12; Lerbo; gift 24/6 75; från Bossbol 74; Skrifves vid Nyqvarn i
Bettna 1/3 83 [hela familjen struken]
H. Charl. Kristina Andersdotter; 51 31/3; Björkvik; gift 24/6 75; från Ängby 72
D. Edith Charlotta; född 76 4/5 i Björkvik
D. Ebba Regina; född 80 8/6 i Björkvik
Inh. Enkan Greta Stina Ersdotter; född 1822 6/6 i Björkvik; från Sandstugan W 55; sinnessvag
Obs. fortsättn. fol. 314

Björkvik (D) AI:22b (1881-1886) Bild 321 / sid 314
Mågen Claes August Södergren; 41 5/12; Lerbo; gift 24/1 75; död 84 18/2; Omkom genom drunkning
och återfanns först i Strömmen i Norrköping d. 12/7 1885
H. Charlotta Chr. Andersdotter; 51 31/3; Björkvik; gift 24/1 75
D. Edith Charlotta; född 76 4/5 i Björkvik
D. Ebba Regina; född 80 8/6 i Björkvik

EN EXTRA BILAGA

Gunilla Gunnahrs släkt och öden före det att släkten kommer till Smedstorp och Stora Munkebo.

I detta dokument har Karin Selldin medverkat för att nå klarhet i släktförhållanden via husförhörslängder, födelseböcker etc. Det utöver vad som framkommit i här bevarade gamla, hittills bortglömda dokument. Tack Karin för gott samarbete.

Mycken tragik kring Anna Greta Jonsdotter från Björkvik

Bland dessa tidigare nämnda lådor som genomgicks år 2017, så dök Anna Greta Jonsdotter upp på flera ställen spritt i dokumenten. Först var det svårt att förstå varför hon omnämndes så ofta. Men med bistånd av släktforskaren Karin Selldin, Norrköping, och översättningshjälp via Bonniers så kan vi följa Anna Gretas öden här.

Först kom blixten

Anna Greta Jonsdotter, föddes 1774-12-15 i Ekekulla i Björkvik. Hon var ett och ett halvt år när hennes mor Greta Eriksdotter sommaren 1776-07-29 träffades av blixten och avled vid Ekekulla. Mor och far var inbodda Björkviksbor. Greta var född 1743- 02-28 i Grönkärr, och far var Jonas Karlsson född i Qwisätter 1732-03-27. Han dog vid Ekekulla 1798-08-06. Från År 1752 är familjen bokförd på Ekekulla.

Anna Greta var hade två äldre bröder, Karl född 1765 och Erik född 1769. Men familjesituationen löstes med att fadern Jonas snart gifte om sig med en Anna Jansdotter och raskt hade Anna Greta fyra halvsyskon.

1791 gifte sig Anna Gretas äldste bror, Karl Jonsson, med en änka med fyra små barn. I samband med vigseln blev Anna Greta närmare bekant med sin nya svägerskas svåger från första äktenskapet, 20-årige Jan Jansson. De var faddrar tillsammans när Annas Gretas första brorsbarn döptes följande sommar.

Sedan, efter många barn, dog första maken i Mörtbol.

Anna Gretas make Jan Jansson är född 1770-12-07 vid Qwisätter Björkvik. Jan och Anna Greta gifter sig år 1792. Man lever ett rörligt liv. Jan är först 1792- 93,måg i Ekekulla. Sedan flyttar familjen för att 1793- 95 vara åbo vid Kjellvik, 1795- 98 åbo vid Stenstorp, 1798- 1809 åbo vid Ekekulla, 1809- 15 åbo vid Fall och 1815- 17 hemmansbrukare vid Mörtbol. Åborätt var en juridisk term, rätten att på viss tid eller livstid inneha annans jord såsom landbo eller under ärftlig besittning. Den som hade sådan rätt kallades åbo. Om åboskyldigheterna fullgjordes fick i allmänhet en son ärva åborätten efter sin far. Paret fick nu med snabba och jämna mellanrum barnen Stina 1793 i Kjellvik, Brita 1795 i Stenstorp, Jan 1799 (död 1801), Anna Greta 1801 i Ekekulla, Per 1804 i Ekekulla, Carl 1806 i Ekekulla, Katarina 1809 i Fall, Johan 1812 i Fall och slutligen Anders 1815 i Mörtbol.

Jan Jansson drunknar i Yngaren 1817-01-24.

Nu fattig med sorgebarn

Jan Jansson och Anna Greta Jonsdotters åttonde och yngsta barn, Anders, han föddes 1815-04-17 i Mörtbol, Björkvik, och var då endast ett och ett halvt år gammal när fadern drunknade.

Man kan fundera på hur den lille sonen Anders liv egentligen var. Han var döv, stum, blind och lam och kunde alltså inte se, höra, prata eller röra sig. Ändå tog familjen, och snart även änkan Anna Greta, uppenbarligen väl hand om honom. I en husförhörslängd noteras följande om den lilla gossen:

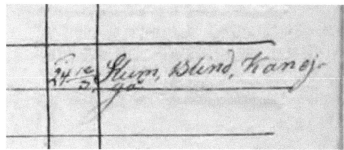

Björkvik (D) AI:10b (1819-1823) Bild 80 / sid 75

När han sedan dog 1823-03-12, uppgavs orsaken vara "långvarig sjukdom." Han hade varit ett, som man då benämnde "sorgebarn".

I samband med bouppteckning, efter maken bonden Jan Jansson 1817-02-06 noterades boets tillgångar efter den avlidne maken av förmyndaren för de omyndiga barnen. Skulderna uppgavs överstiga tillgångarna med 301 Riksdaler Banco. Tillgångar 289 Riksdaler Banco men skulder på 590 Riksdaler Banco. Alltså inget att fördela.

Här intygar änkan och barnen med förmyndare Inför Handlaren Johan Hagberg och nämndemannen Erik Eriksson i Ekekulla (!), att inget finns att fördela med åberopande av bouppteckningen. Dokument daterat 1818-10-28. Här kopierat från bevarat original.

Anna Greta gifter om sig

Efter första makens död 1817 gifte Anna Greta om sig med Erik Ersson 1818-12-03. Han var från Hjulbo, Björkvik och född 1789-01-10. Han var alltså 15 år äldre än Anna Greta. Erik Ersson flyttar in på Mörtbol och tar över som åbo.

Erik Ersson är släkt med min hustru Gunilla född Österberg. Erik är bror med Jonas Ersson, som är Gunillas mormorsmorfarsfar, mmmff. Jonas son Anders Jonsson, mmmf är den som kommer att köpa Smedstorp, där Gunilla vuxit upp.

Får en dotter, som snart dör

Det blev ett snabbt giftermål kan man förstå för redan 1818-12-30 föds en dotter med namnet Ulrika. Hon dör redan 1820-02-26. I dödboken står att hon dog av bröstvärk. Ulrika har alltså ett släktskap med min Gunilla.

Härefter anas att livet går sin gilla gång i 13 år, men sedan händer det saker igen.

Anna Gretas andre make dör.

Erik Ersson dör av slag 1833-05-30. Erik hade inga bröstarvingar, som skulle ärva honom. Det kom nu snart bli arvstvist mellan hans syskon och Anna Greta och hennes barn från första äktenskapet.

Nu finns här tillgångar i boet. Vid Mörtbohl hålls bouppteckning 1833-06-07. Tio närvarande arvingar, delvis representerade av nämndeman Lars Larsson i Skuttunge. Behållning avrundat, efter skulder och fattigprocent var 685 Riksdaler Banco. Änkan Anna Greta varnades, att vid ed rätt uppge tillgångar och skulder. Man kan redan här ana att det spänt mellan Anna Greta och hennes bortgångne makes bror Jonas, som låter sig representeras av nämndemannen. Här finn även systeränkan Ingrid Ersdotter. Framgår att Ingrid nu är från Axtorp (Axsjötorp?). En särskild ganska lång originallapp utanför protokollet anges uppräkning, utöver bouppteckningen, av hans gångkläder till 68 Riksdaler Banco. Bouppteckningen i original är läsbar och består av 8 sidor.

Inledningen på bouppteckningen från 1833-06-07. Första halva sidan.

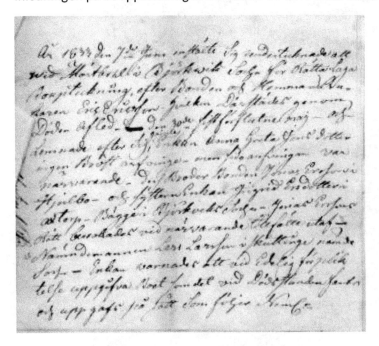

Mörtbol 2018. Ridcenter

Mörtbol mangårdsbyggnad 1940-tal

.

1834-03-11 och 12, blir det auktion vid Mörtbohl efter Erik Ersson, bror till Jonas Ersson och Ingrid. Man kan se att en ny åbo tillträtt. Omnämns som "åbon", utan namn, i protokollet, som är omfattande och på 13 sidor. I protokollet skrivs annars först ut varifrån köparen kommer och sedan namnet. Brodern Jonas Ersson Julbo är en av köparna. Man ser att det är en välbesökt auktion och Saldot blir 915 Riksdaler Banco. Änkan Anna Greta Jonsdotter undertecknar med spretig stil. Broder Jonas Ersson Julbo undertecknar med ett X. Anna Greta är inte skrivkunnig. Hon brukar underteckna dokument med A.G.J., och ibland med A.G.J.D, men här försöker hon skriva ut sitt namn. Jonas Ersson från Jullbo (Hjulbo) är inte skrivkunnig, vilket framgår i flera dokument. Ett X är hans underskrift, även om han gör och kommer att göra fler affärer. Exempelvis köper han Lindebol och Gäfersgölla (Gävergölet) i Björkvik.

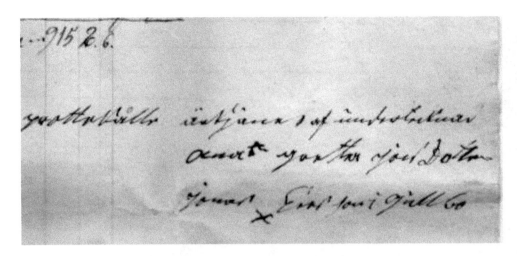

Anna Gretas spretiga namnteckning. Jonas sätter ett X.

1834-03-11, dvs. samma dag som auktionen, så går Erik Eriksson i Ekekulla i full borgen för Anna Greta Jonsdotter till förmån för syskonen Jonas och Ingrid och då för 2/3 av vad man anser sig ha rätt till efter Erik Erssons efterlämnade egendom. Borgensförbindelsen inregistreras hos myndighet. Detta bevisar det än mer spända förhållandet till Anna Geta.

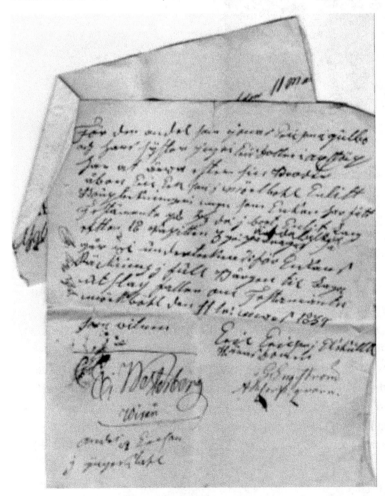

Borgensförbindelsen

En kvittens på utbetalning av beloppet 915 Riksdaler Banco från auktionen upprättas Erik Eriksson, Ekekulla 22 mars 1834. Erik Eriksson i Ekekulla är nämndeman sedermera häradsdomare. Han har kommit till samma ställe där Anna Greta var född. Men dom är inte släkt.

Arvstvist

Från 1834-07-19 finns ett dokument med stämpel Svea Rikes Ständers sigill Charta Sigillata. Svea Rikes Ständer var riksdagen denna tid. Om nu rätt uppfattat så handlar det om utslaget på en stämning inlämnad av Jonas Ersson, Hjulbo och hans syster, änkan Ingrid Ersdotter, Axsjötorp. Han har stämt svägerskan Anna Greta Jonsdotter, d.v.s. sin döde brors hustru. Det handlar om en arvstvist. Dokumentet, som är på 13 sidor, är mycket svårläst i sin helhet med 1700-talsstil, varför det nu har blivit översatt av expert på den handstilen. Översättningen är delvis bekostad av Bonniers,

Sid 1 av domstolsutslaget, original.

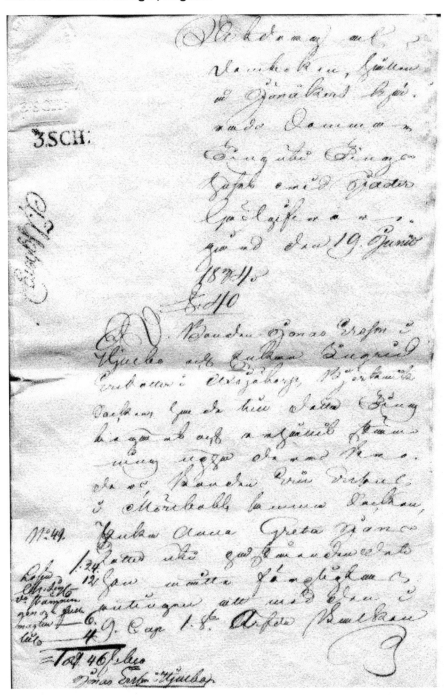

Här samma sida översatt

"Utdrag afdomboken, hållenå Jönåkers härads Sommar-ting uti Tingshuset wid Jäder Gästgifwaregård den 19 Junii1834.

§40

S. D. Bonden Jonas Ersson iHjulbo och Enkan Ingrid Ersdotter i Axsjötorp, Björkvik Socken hade till detta Tingbegärt och erhållit Stämning uppå deras Broders, Bonden Eric Erssonsi Mörtbohl samma socken, Enka Anna Greta Jonsdotter uti påståenden det hon måtte förpligtas antingen att med den i 9 Cap. 1:sta Ärfda Balken"

Sedan med stöd av domstolsutslaget och ytterligare dokument i original, så erhåller Anna Greta Jonsdotter 1/3 av arvslotten och resterande till syskonen Jonas Ersson och Ingrid Ersdotter. Allt enligt dåtidens arvsregler.

1834-09-08 finns en likvidation, hållen i Mörtbol efter bonden Erik Ersson. "med Jonas Ersson i Hjulbo. Undertecknat Erik Ersson i ????, Jonas Ersson i Hjulbo, Erik Larsson i Axtorp och Anna Greta Jonsdotter. Se två inkopierade dok. En till Erik Ersson!?(HÖNEBÄCK?). Erik Larsson i Axtorp undertecknar säkert för Jonas och den döde Eriks syster, Ingrid (Jonsdotter) Ersdotter? Här är resultatet av vad som avhandlats vid tinget.

Vid denna tid fanns flera svenska valutor. Just nu, 1834, fastställs värdet 1 riksdaler specie = 2 ⅔ riksdaler banco (rdr. b:co) = 4 riksdaler riksgälds (rdr. rgs.). Därför finns svårigheter att följa beloppen mellan de olika dokumenten.

1835-06-22 Ett litet dokument, underskrivet av Anna Greta Jonsdotter, med initialerna AGD. Handlar om Lundvalls skuld, som nämns i föregående dokument. Här får hon sin tredjedel av skulden till dödsboet.

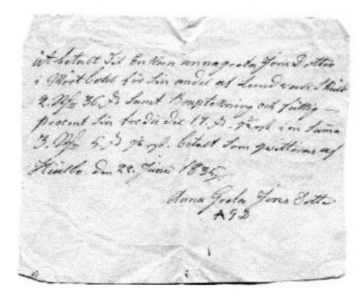

Levde länge med sina sorger

Anna-Gretas dotter Katarina från första äktenskapet och hennes man Peter Ersson tar över som Åbo vid Mörtbol under ett par år. Familjen flyttar sedan till Nykyrka.

Anna Greta var skriven vid Mörtbol ända fram till sin död 1857-06-12.

Några som huserade på Mörtbol under Anna Greta Jonsdotters tid här under mitten av 1800-talet var: Åbo Jan Karlsson 1845-1850, Rättaren Gustaf Jansson Holmgren 1851-1855, Rättaren Erik Persson från år 1855.

Men sista tiden bodde hon hos sin son Jan (Johan) Jansson och hans familj i Kila socken. I dödboken står att hon dog av ålderdomskrämpor vid Petterslund i Kila socken. Innan hon somnade in vid 83 års ålder 1857 fick hon uppleva hur sonen Per hängde sig 1852.

Handikapp fortsatte i släkten

Sex år efter Anna Gretas död, 1863, föddes hennes dottersons son Axel Robert. Han var dövstum, liksom hans två år yngre syster Klara Sofia. Axel Robert gick på en dövskola i Bollnäs och Klara Sofia tillbringade sju år på Manillaskolan i Stockholm. Deras äldste bror, Karl Johan Karlsson, fick sex barn mellan 1881 och 1891. Ett barn var dödfött och en dotter dog bara två dagar gammal. De andra fyra barnen var samtliga dövstumma.

Vi tittar på bröderna Erik Ersson och Jonas Ersson mmmff, och följer dom lite bakåt.

Deras föräldrar är Erik Olofsson, Gunillas mmmfff, f. 1755-07-02, dör 1819-09-24 vid Hjulbo Björkvik, med Hustru Anna Jonsdotter, mmmffm. f. 1755-07-02 i Lerbo.

Dom får, som ovan nämnts, sonen Erik Ersson, som gifter sig med Anna Greta Jonsdotter och tar över Mörtbol och dör där1833-05-30 samt sonen Jonas Ersson, mmmff, dessutom dottern Ingrid som kommer till Axsjötorp. Hon är i alla fall änka år 1834.

Jonas Ersson, mmmff, född 1787-02-26 och dör 1862-05-25 vid Gjefersgölet. Hustrun Stina Jonsdotter, mmmfm, född 1794-01-28 (döpt 1794-01-31) i Harpebol, Björkvik (D), från Hjulbo. Man bor först vid Hjulbo, innehar Lindebohl en tid innan man köper Gjefersgölet. Dom får sonen Eric, sonen Anders mmmf (Jonsson), dottern Anna Catharina, som gifter sig med hemmansbrukaren Carl Johan Pettersson i Walla Skuttinge socken, dottern Stina, som gifter sig med befallningsmannen Lars Fredrik Pettersson i Lilla Brevik Åxxxtorps socken.

I husförhörslängden (Björkvik (D) AI:9b (1812-1818) Bild 20 / sid 14 Julbo)

Åbo Jonas Ersson; 1787-02-26 i Björkvik (mmmff enl ovan)

Hustru Stina Jonsdotter; 1794-01-28 i Björkvik

Son Erik; 1818-12-21 i Björkvik

Fader Erik Olofsson; 1745; Sjuk och vanför

Hustru Anna Jonsdotter; 1755-07-02 i Lerbo; Sjuk

Son Olof; 1783-01-10 i Björkvik; Obotligt sjuk

I husförhörsboken efter (Björkvik (D) EI:2 (1759-1861) Bild 1390 Julbo) är Erik Olofsson och Olof Ersson strukna med kommentaren att de är döda. De dog med två dagars mellanrum 22 och 24 september och begravdes båda den 26 september 1819.

1822-10-10 föds nämnd son Anders Jonsson, mmmf. Anges födelse i Julbo (Hjulbo) Björkvik. Se vidare i vad som skrivs i "Historik kring två gårdar i Björkvik". **Smedstorp.**

För att krångla till det lite grand.

Både Gunillas fffmf och mmmff hette Jonas Ersson men det är två olika personer med var sin hustru Katarina Persdotter, fffmm, respektive Stina Jonsdotter mmmfm.

För att nu istället följa denne Jonas Ersson, fffmf, f.1773-04-05 Bossbol, bakåt, så hade han föräldrarna Erik Andersson, Åbo, f.1734, med hustru Kerstin Jansdotter f. 1736 fffmm, Bossbol.

Denne Jonas Ersson fffmf blev Åbo vid Bossbol och hade hustru Katarina Persdotter, fffmm, född 1779-01-23. Man fick dottern Anna Maja Jonsdotter fffm, född 1802-02-27 Bossbol.

Se nu vidare i vad som skrivs i "Historik kring två gårdar i Björkvik". **Stora Munkebo.**

Lite inblick i ovanstående personers historia

1819-10-19 och -20, auktion vid Hjulbo efter Erik Olofsson mmmmfff. Han är far till barnen Jonas Ersson mmmff, Hjulbo, Erik Ersson, som kommer till Mörtbol, och Ingrid. Erik från Mörtbol köper bl a en järnstör och en "brännvinsfjäling" Ska nog vara fjärding. Dvs ¼ tunna ca 31 liter. Som det också nämns, är "son Jonas" mmmff också köpare av en mängd saker. Saldo 414.30.2 Riksdaler Banco, efter avdrag av bl a fattigprocenten.

1819-10-08 bouppteckning vid Hjulbo efter Erik Olofsson, som dör 1819-09-24. Änka är Anna Jonsdotter med de tre barnen Jonas, Erik och Ingrid. Änkan får 1/3 och barnen 2/3 av arvet. Dotter Ingrid får ingenting! Har inte arvsrätt vid den här tiden! Men undantag görs för morgongåvan till änkan. Den får änkan behålla.

1821-01-13. Jonas Ersson mmmff reglerar en revers med sin mor änkan Anna Jonsdotter. Belopp på 102 Riksdaler Banco och som utgetts i Hjulbo år 1821. Hon blev ju änka år 1819.

Köp och försäljning av Lindebohl.

1835-12-28 finns köpebrev där Jonas Ersson mmmff och hans "kära hustru Christina Jonsdotter" från Hjulbo köper Lindebohl för 1 700 Riksdaler Banco. Tillträde 1836- 03-14. Se nedan.

Köpe Bref

Wi underskrifne ägta makar, Jag
Lars Carlsson, med min kära hustru
Anna Christina Anders Dotters så skull
gjöre Wär igenom vetterligit, Det vi
genom mogen öfwerläggning och sielf för-
stånd upprättat och försällja vårat å-
gande Ett fjärdedels mantal krono-
skatte hemmanet Lindeböle belägit
i Lerbo Sockn Oppunda Härad och
Nyköpings Lan, Till Bonden och Hem-
mans Brukaren, Jonas Ericsson, och
Deß kära hustru Christina Jons dotter,
i Hjulbo Björkviks Sockn och Jönåuks
här Härad, för en oß Emillan öfwer Enns
kommen och betingad Köpe Summa stor
Ett Tusende Sjuhundrade Riks Daler
Banco och som vi nämde /1700/ Rd
Banco Den första Penningen med den sista
så i Contanter som skuld Sedel
Bekom mit hafwa och i följd här äf

qvittrar, Så afhände vi oss /Och vara arfvingar/ all åtgärden. de Rätt till förenämnde ¼ dels mantal Lindeboda med allt hvad Därtill Lyder eller framdeles Lagligen till vinnas kann och till ägnar den samma Bemälte Bonden Jonas Ersson och des kära Hustru Christina Jonsdotter i Hultbo att då samma. nu jemast den 14de mars 1836 få tillträda. med rätsädd Höst gröda, med några andra små kerfadlar som med Hemmandelen- åtfölja – och som det nu för Ögonen ståer. Och förbinder oss till Hemmelefter Lag- som på det Kreaftigaste för Sachnad Lindeboda den 28de December 1835.

Som vid detta tillfälle närvorande –
Vittne
B Anderssons som på begäran Skrifvit köpebrefvet

1839-02-11 säljer Jonas Ersson mmmff sitt Lindebohl till Cornelius Grip och hustru Sophia Margareta Grip, för 1 700 Riksdaler Banco. Det med tillträde 1939-03-14. Jonas kan fortfarande inte skriva. Han sätter, som alltid och hittills ett X mellan Jonas och Ersson.

Jonas Ersson mmmff köper Gjefersgölet efter sin tid vid Lindebohl

Jonas Ersson mmmff dör vid Gjefersgölet enligt en laga bouppteckning utförd1862-05-30. Han dog 1862-05-25. Han efterlämnar änkan Stina Jonsdotter mmmfm och barnen: sonen Eric, sonen Anders (Jonsson),mmmf, dottern Anna Catharina gift med hemmansbrukaren Carl Johan Pettersson i Walla Skuttinge socken, dottern Stina gift med befallningsmannen Lars Fredrik Pettersson i Lilla Brevik Åxxxtorps socken. I bouppteckningen ages: "Sedan Gård och skulder äro afdragen äro behållning att dela mellan arfvingarna emellan nu 235:17 Riksmynt". Gården hanteras på annat sätt.

1862-06-03 hålls en auktion efter Jonas Ersson mmmff, vid Djefersgöl (stavas nu så). Det att tillfalla änkan och efterföljande barn. Änkans namn nämns inte, ej heller barnens namn. Dock känt enligt ovan. Man kan se att köpare vid auktionen är bl a sonen Anders Jonsson i Smedjebohl, som köper mest, "son Eric", mågen Lars, mågen C Johan. Undertecknar protokollet gör Anders Jonsson och Erik Jonsson. Auktionen inbringar 822.7.0 Riksdaler Banco, Finns en anteckning "utgår i Riksmynt 1233:22. Dokument många sidor. Här del av förstasidan.

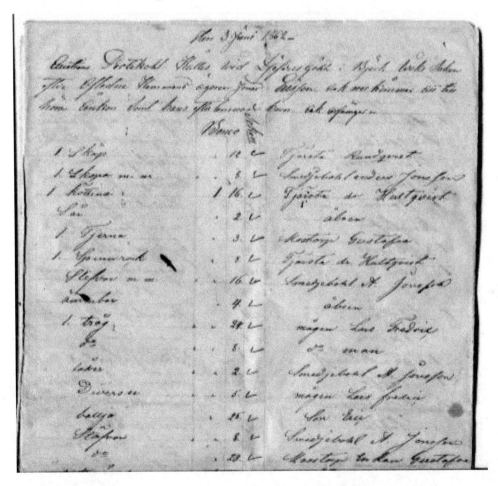

1863-06-08. En arvsfördelning efter ägaren 1/8 mantal Djefersgölet, Jonas Ersson mmmff. Man ser att Anders Jonsson mmmf och Jonas måg Lars Fredrik Pettersson köpt gården för 2043:25 Riksmynt. Lars Fredrik är gift med Jonas dotter Anna Catharina. Dokumentet nedan. Fördelningen sker vid Smedjebol. Se nedan.

Se nu vidare annat dokument om "Historik kring två gårdar i Björkvik". **Smedstorp.**

Särkilt om Gunillas mmmmm, Stina Persdotter och hennes anor.

Här enligt vad Karin Selldin forskat och med egna tillägg.

Tillsammans med Karin hade vi funderingar över en Maria Andersdotter f 1723, vilken eventuellt kunde vara en släkting till Gunilla.

Så här skriver Karin Selldin:

Maria Andersdotter född 1723 var en gåta för mig. Jag hade inga uppgifter om henne i min databas.

Stina Persdotters far hette Peter Simonsson mmmmmf, (Per, Peter, Petter varierar i källorna) och hennes mor hette Katarina (Kajsa) Ersdotter mmmmmm och var född 1769 och död 1807-04-01 i Tängtorp, Björkvik.

Av åldern att döma borde Maria Andersdotter tillhöra generationen före – mor till Peter Simonsson mmmmmf, eller Katarina Ersdotter mmmmmm. Katarina har jag inte lyckats följa bakåt. Men Peters föräldrar är spännande.

Petter Simonsson mmmmmf, föds i Kornboda Björkvik 1762-02-11. d. 1833-06-02 i Fall Björkvik. Och är Åbo. Hans föräldrar heter Simon Simonsson mmmmmff född 1707, död 1769-06-10 i Kornboda, Björkvik, och Maria Eriksdotter mmmmmfm, född 1714 enligt födelseboken.

Då slår jag upp Kornboda i husförhörslängden. Där står Simon Simonsson mmmmmff och hans hustru Kerstin Andersdotter och deras barn, men bland dem finns ingen Petter. Om Simon kan man läsa att han har stora alkoholproblem och att hustrun inte bor på Kornboda utan har flyttat till Kila men de är ännu inte skilda. På Kornboda bor även en hustru Maria Andersdotter. Oklart vem hon är hustru till och när hon är född. Karl Simonsson (son till Simon och Kerstin) och hans hustru tar över driften på Kornboda och Simon mmmmmff bor kvar där till sin död 1769. Maria bor inte kvar där.

Jag följer med Petter till Tängtorp där även Maria (Maja) Andersson finns med. Nu dyker ett födelseår upp på henne, 1730. Hon bor tillsammans med Petter mmmmmf och hans familj på Tängtorp till sin död 1807. Nu börjar jag undra om det är hon som är mor till Petter.

Kan Simon ha gift om sig efter att hans första fru Katarina Ersdotter lämnade honom? I vigselboken hittar jag följande notis 1760. "December 26; Enklingen Simon Simonsson i Kornbo med pigan Maria Andersdotter ibm." Maria Andersdotter är alltså mor till Petter Simonsson mmmmmf. Hon föddes cirka 1730 och dog 1807. Var hon var född och hennes exakta födelsedatum har jag inte hittat.

Troligt är då att Maria Andersdotter är Gunillas mmmmmfm.

Leif Gunnahr

CPSIA information can be obtained
at www.ICGtesting.com
Printed in the USA
LVHW062050240520
656347LV00004B/151

9 789178 519309